泰山金融论丛

INFORMATION, EFFICIENCY AND EQUILIBRIUM THEORY IN FINANCIAL MARKET

金融市场中的信息、有效性和均衡理论

陈彬彬 ◎ 著

中国财经出版传媒集团
经济科学出版社
Economic Science Press

图书在版编目（CIP）数据

金融市场中的信息、有效性和均衡理论／陈彬彬著．
—北京：经济科学出版社，2020.5
（泰山金融论丛）
ISBN 978-7-5218-1460-6

Ⅰ.①金… Ⅱ.①陈… Ⅲ.①金融市场-研究 Ⅳ.
①F830.9

中国版本图书馆 CIP 数据核字（2020）第 056501 号

责任编辑：刘 悦 杜 鹏
责任校对：靳玉环
责任印制：邱 天

金融市场中的信息、有效性和均衡理论
陈彬彬 著
经济科学出版社出版、发行 新华书店经销
社址：北京市海淀区阜成路甲 28 号 邮编：100142
总编部电话：010-88191217 发行部电话：010-88191522
网址：www.esp.com.cn
电子邮箱：esp@esp.com.cn
天猫网店：经济科学出版社旗舰店
网址：http://jjkxcbs.tmall.com
固安华明印业有限公司印装
710×1000 16 开 10.25 印张 180000 字
2020 年 9 月第 1 版 2020 年 9 月第 1 次印刷
ISBN 978-7-5218-1460-6 定价：50.00 元
（图书出现印装问题，本社负责调换。电话：010-88191510）

前　言

长久以来，金融市场能否聚集和反映各类信息是众多学者研究的焦点。传统金融学在投资者同质信仰、市场无摩擦、完全竞争（投资者是价格的承受者）和完全信息的背景下得到信息套利总能纠正市场错误定价、价格能充分反映资产清算价值的结论，并建立了以资本资产定价模型、套利定价理论、有效市场假说等为核心的现代金融学理论体系。然而，从国际金融市场发展历史看出，金融资产价格的过度波动、繁荣与恐慌的交替出现、流动性崩溃、羊群行为等金融异象重复演绎且愈演愈烈。2008 年，美国房地产次级贷款证券化、衍生金融产品的高度泡沫化以及泡沫破裂等引发了全球的金融海啸。2014 ~ 2016 年，中国 A 股市场经历了多次“千股涨停”和“千股跌停”，造成股票市场的巨幅波动。此外，内幕交易、信息泄露和市场操纵等违法违规行为屡禁不止。经典金融学在解释金融异象和违规交易方面显示出了较大的局限性。

是投资者固有的贪婪和恐惧本性促成了金融系统性错误，造成资产价格对外部冲击的过度反应？还是信息聚集的低效率阻碍了价格机制发挥？行为金融将市场异象归因于心理学的“直觉推断和代表性法则”和“制度压力与从众行为”，认为金融危机从本源上说是根本性的心理问题。然而，即使人们对金融市场非理性的认识越来越深刻，却仍无法避免群体非理性和市场动荡的发生。

随着金融市场微观结构理论的发展，如何在理性投资者假设的背景下解释金融异象引起了金融学者的深入思考。维夫斯（Vives，2008）指出，市场信息有效理论和羊群效应理论实际上是建立在相同的贝叶斯决策原理之上，不需要“非理性”投资者来解释羊群效应、价格暴涨和市场崩盘等现象。为此，本书在统一的理性预期框架下，通过构建不同市场结构下的均衡模型来解释流动性不足的自我实现、多重合作博弈发生原理、信息泄露、市场操纵等问题。力求使读者从微观视角深入理解市场结构对金融市场整体运行的影响。

首先，本书讨论了金融市场聚集分散信息的问题。有效市场假说自提出以来，有关它的争论就从未停止。本书从均衡的角度重新审视了该理论，并讨论了有效市场假说与 Hayek 的市场聚集分散信息理论和 Keynes 的选美竞猜理论之间的区别与联系。

其次，本书分别在不完全竞争市场和完全竞争市场的背景下构建了理性预期模型，分析不同市场结构下的信息聚集效率和市场质量。与经典金融理论相比，本书丰富了对理性投资行为的假设，将套期保值、信息泄露、短期交易等行为引入模型，讨论了不同类型投资者在信息具有非对称性、不完全性和外部性时的博弈过程，进而解释多重均衡的发生原理。

再其次，本书研究了信息披露政策对投资者交易策略和市场均衡的影响。通过动态的理性预期模型介绍了公开信息对均衡多重性的影响；分析了公开信息对短视投资行为及市场聚集私人信息效率的影响；结合信息获取成本讨论了投资者福利问题。

最后，本书对中国证券监督委员会官方网站披露的违规交易案件展开实证分析，基于分笔交易数据度量违规事件发生前后的市场信息不对称程度和流动性成本，从而揭示违规行为对市场质量的影响。

人工智能、金融大数据分析和智能投顾等技术的发展改变了投资者信息获取的成本、速度、精度等，技术壁垒使得部分投资者优先获取更精确的信息，增加市场的信息不对称水平；同时，互联网、社交媒体等使得信息传播速度更快，造成投资者形成高度一致的预期，共同的预期加速了金融市场的暴涨暴跌，加剧系统性金融风险的发生。因此，深入地理解市场微观结构对价格聚集信息效率和市场均衡状态的影响对金融市场监管和风险管理具有重要意义。希望本书能为读者从理性投资的角度解释金融异象提供一定的启发。

陈彬彬

2020 年 4 月

目　录

第1章 导 论

1.1 信息聚集与有效市场假说

1.1.1 信息聚集

信息在资本市场交易中起到至关重要的作用。尽管如此，关于市场能否将各类投资者的不同信息聚集起来，为何存在羊群效应、投资者信念偏差、周期性的繁荣与危机等现象，以及如何避免短视交易和内幕交易等，仍然是尚在争论的问题。哈耶克（Hayek，1945）认为，市场能够将各类参与者的分散信息有效聚集起来，并通过价格反馈给所有参与者，所以市场经济是解决资源配置问题的最有效机制。凯恩斯（Keynes，1936）在《就业、利息和货币通论》中将股票市场比作选美比赛，认为投资者并不研究股票基本面，而是通过猜测大家的普遍观点进行投资，因而最终所有人都在追逐大众。

市场能否将分散的信息聚集起来成为经济和金融研究的核心议题。在金融市场中，该问题表现为股票价格能否反映上市公司的基本面，或者商品期货的价格能否聚集生产者和投机者的信息。如果市场中的资产价格能够迅速且完全地反映所有相关信息，那么该市场就被认为具有信息效率，如果价格不反映信息或延迟反映，则认为市场无效或不完全有效。

1.1.2 有效市场假说

1970年，尤金·法玛提出有效市场假说，认为市场具有加总信息的强大功能，资产价格可以迅速地反映所有相关信息，任何投资者都不能依靠应用交易策略从而持续地战胜市场，投资者战胜市场只能依赖运气。法玛认为，在动态市场中，知情且聪明的交易者大量存在，股票会被适当定价并反映所有可获得信息。由于公众信息很容易被获得，因而任何个人不可能长时间地击败市场。同时，法玛将市场效率区分为三种情况，分别是弱式有效市场、半强有效市场和强式有效市场。

（1）弱式有效市场是指价格充分反映历史价格系列中包含的全部信息。在弱势有效市场的条件下，过去的历史价格信息对于评估未来的股价变动没有任何价值，即当前的股价已经充分反映了过去的历史信息，因此，通过对过去价格格局进行分析从而推出未来价格走势的技术分析不再有效。

（2）半强有效市场假说认为价格除包含所有历史价格信息外，还反映了所有有关的公开信息（如公司的财务报表、分红与拆股、竞争对手信息、政治经济信息等）。如果市场是半强有效的，则分析师和投资者不能通过获取和分析公开信息持久地获得超额利润。

（3）强式有效市场是指价格充分反映所有与资产清算价值有关的、被市场参与者知晓的全部信息，包括内幕信息和私人信息。根据强式有效假说，如果市场是强式有效的，则任何内幕信息对投资者作出决策都是没有价值的，也就是说，任何可得的信息，无论是公开的还是内部的，都不能用来获得持久的超额利润。

有效市场假说的成立主要依赖于以下基本假定：①资本市场上所有的投资者都是理性人，他们能够对证券进行理性评价，投资者的理性预期与理性决策保证了资本市场的有效性；②当有些投资者不完全理性时，这些投资者的交易策略是互不相干的，他们的交易将在彼此之间相互抵消，尽管非理性投资者之间交换证券会引起大量的市场交易，却不会对资产价格产生影响，价格仍将趋近于真实价值；③即使这些非理性投资者的交易以相同的方式偏离于理性标准，竞争市场中理性套利者的存在也会消除其对价格的影响，使资产价格回归基本价值，从而保持资本市场的有效性；④即使非理性交易者在非基本价值的价格交易时，他的财富也将逐渐减少，以至于不能在市场中生存。

为何金融市场有效如此重要？巴恩斯（Barnes，2016）指出，股票市场具有引导国内外居民储蓄的功能，股票市场的有效意味着储蓄能够投入最需要的生产和服务领域，提高资源配置效率。价格在有效性分析中起到关键性作用，它由风险资产的供需决定，反映所有投资者关于资产未来前景的共同信念。当投资者决定购买某个公司股票时，他一方面评估所持有的股票份额未来能获得多少红利和未来能以多少钱将其卖掉；另一方面评估所持股票收益的风险①。如果投资者认为股票价值高于当前价格时买入风险资产（或不采取卖出行为），则认为市场是有效的。当市场中有足够的资金和投资者交易某只资产，那么资产价格将迅速被调整到合适的位置。通常将大型股票交易所（如纽约证券交易所、纳斯达克证券交易所、东京证券交易所、上海证券交易所等）看作有效市场，尤其是每日交易量很大的上市公司。

通常认为，股票市场的信息能有效促进经济中的资源分配效率。如果某公司产品生产效率低下，那么它的期望利润将低于生产效率高的公司。投资者具有两个公司的完全信息时，他们将资金投资于生产效率高的公司，以期获得更高的回报，从而提高生产效率低的公司的筹资成本。同时，巴恩斯（2016）指出，信息有效是资源配置有效的必要条件，而非充分条件。他认为，虽然市场能迅速反映上市公司的价值信息，但是不完全或不精确的信息有可能高估或低估公司盈利价值，带来经济运行的低效率。例如，住在大型国际机场附近的居民忍受着飞机噪声的影响，但航空公司却不会为居民因噪声住院而买单，因此，航空公司的利润被高估了。从整个社会角度来看，资源配置效率不高，但航空公司不精确的财务信息却迅速在股票市场得到反映。

1.1.3 从信息聚集角度理解市场均衡

有效市场假说描述了理性投资者拥有完全信息的市场均衡状态，认为信息有效是风险资产有效配置的必要条件。在投资者共同信仰、市场无摩擦、完全竞争（投资者是价格承受者）、均值方差效用下得到：个体追求效应最大化下的均衡已经聚集市场所有分散的信息，且社会整体福利最大的投资策略或市场最优组合是共同基金，长期投资才是聪明的投资。长期以来，学术界对有效市场假说存在广泛的质疑。理论上，很多学者认为有效市场假说要

① 投资者对公司价值评估时将综合多方面的影响，如原材料或服务价格变化、利率政策、管理层变动等。

求人们什么也别做，因为在有效市场的情况下，做什么都是徒劳。但是人们什么也不做，信息又如何反映在价格上，市场又如何变得有效呢？实践上，股票收益的日历效应和规模效应、股市周期性的繁荣与危机、动量效应、羊群效应等都与有效市场假说相悖。

实际上，有效市场假说仅为我们描述了市场聚集分散信息的一种可能均衡，它既未阐明分散的信息如何聚集、信息以多快的速度聚集，也没有考虑信息聚集产生的其他可能结果，从而引发广泛的质疑。刘逖（2011）从信息聚集的角度理解有效市场假说，发现以下三种结论。

（1）市场有效并不意味着任何形式投资的收益都没有差别。金融市场中个体投资者密切关注并求证各种信息，机构投资者不惜重金任用大量研究人员挖掘信息，如同犯了“信息饥渴症”。究其原因为：拥有更精确的信息的投资者将获得更高的收益。投资者充分利用各种信息交易正是有效市场假说成立的前提。

（2）有效市场中价格并非没有变化。有效市场假说认为价格能快速反映新信息，但反映行业动态、宏观经济政策的新信息具有多变性，因此，新信息的不断到来意味着资产价格不断发生变化。实际上，价格的波动才是市场有效的证据之一。

（3）信息融入价格的过程不是瞬间完成的。有效市场假说的前提是投资者对新信息可以作出迅速的反应，但从投资者获得信息到他们利用信息完成交易的过程仍需要一定的时间。

有效市场假说刻画了特定环境下市场瞬间聚集分散信息达到的均衡状态。实际上，信息成本、信息精度、有限理性、流动性风险、交易机制等因素时时刻刻都制约着投资者，改变他们的最优交易策略，影响价格的形成和信息的揭示，表现为均衡状态并不完全有效。另外，即使市场能收敛到有效市场假说状态，信息也并非瞬间融入资产价格，这使得学者有动机研究信息以多快的速度融入资产价格以及动态信息如何加总等问题。

1.2 选美竞猜对市场聚集信息能力的质疑

凯恩斯（1936）提出，股票市场如选美比赛，投资者并不研究股票的基本面，而是试图猜测大家的普遍观点，因此，最终所有人都在追逐大众。

职业投资和报纸上的选美竞猜很相似。选美竞猜中，竞猜者要从100多张照片中选出六张最美丽的面孔，而奖品颁发给予所有竞猜者的平均偏好最接近的竞猜者。因此，竞猜者并不是选择他个人所认为的最漂亮的面孔，而是选择他认为最可能抓住所有竞争者心的六张面孔，而在他这样分析这个问题的同时，其他竞猜者也站在同样的角度看待这个问题。

凯恩斯将金融市场比喻成一场选美比赛，认为想要理解金融市场，不仅需要理解市场参与者对资产未来回报的看法，还需要理解市场参与者对其他市场参与者的看法。在选美竞猜理论框架下，若其他投资者的行为趋向一致时，理性投资者很可能愿意放弃私人信息，转而遵从大众，发生“羊群效应”。选美竞猜反映了凯恩斯对金融市场有效性的悲观看法，他认为公开信息可能最终会压倒私人信息，使得个人最优选择不是基于他们的私人信息进行交易。当这一现象发生时，信息产生了损失，市场聚集信息效率下降，有效市场假说不再（或不完全）成立。

艾伦等（Allen et al.，2006）指出，凯恩斯的选美竞猜理论与市场中投资者的短视性不谋而合。曾凌和苗文龙（2017）从声誉假说和锦标制度角度指出，基金经理人具有短视交易动机。从声誉假说来看，短期获利能使基金管理人更迅速地提升职业声誉，更早享受更高的薪酬。从锦标制度来看，现有制度框架和监管体系只能根据基金的净值评价基金表现，并由此评判基金管理人的能力。因此，为了追求更高的排位，基金经理人在市场出现上涨行情时加仓买入股票，在市场持续下跌时抛售股票。当基金经理人长期持有不变股票仓位时，其基金净值不可避免地会出现下跌。一旦基金净值跌幅过大，管理人将很难有效吸引其他投资者以壮大自己规模，甚至面临革职风险。欧狄安（Odean，1999）分析投资者账户交易行为发现，很多投资者持有股票的时间不超过三个星期。对短期交易者而言，他们在证券基本面价值被揭示之前就已经退出市场，其收益取决于其他投资者愿意支付多少金钱为其平仓，而不是公司的价值到底是多少，投资者将某证券平仓的价格正是其他投资者对该证券的平均认可程度。

有效市场假说和选美竞猜理论都以价格聚集分散信息为基础，不同的是，选美竞猜理论关注了投资者交易动机和对未来的预期：交易利润源自当前价格与未来价格的差异，当前和未来价格是所有投资者行为的反映，准确地预测其他投资者行为意味着期望收益的提高或交易风险的降低。

1.3 理性预期均衡

当投资者知道市场运作的准确模型时，若他们能够从市场价格和其他的公共统计量中对不确定性和相关市场参数进行准确的推导，那么称投资者具有理性预期能力。在理性预期假设下，投资者根据私人信息、未来事件的真实概率分布对未来进行预测。该过程中，投资者对未来事件的信念影响他们的行为，反过来又会影响未来事件的真实概率分布，从而使他们重新修正信念。理性预期均衡就是一个映射的不动点，它是从信念映射到正确的信念，在映射的过程中由投资者的行为来调整。拉德纳（Radner，1982）指出：

理性预期均衡中，一方面价格满足资产供需相等的要求（即资产出清）；另一方面个体投资者能正确感知参与者的非价格信息和均衡价格之间的关系。这与投资者只基于价格交易而不利用价格推断其他投资者信息的均衡存在明显差异。

哈耶克关于价格聚集和有效传递信息的论断是理性预期模型的基石，他为理解理性投资者如何通过价格和其他公共统计量对未来未知参数作出最优评估提供了有效的方法。他指出：

如果我们希望了解价格系统真正的功能，就必须将价格系统看作一种传递信息的机制。

理性预期思想同时结合了哈耶克的价格传递信息理论和凯恩斯的选美竞猜理论：正是因为价格具有信息传递功能，所以投资者才能通过预期价格信息更新信念；未来价格反映市场投资者对资产价值的平均看法，投资者的收益与未来资产价格息息相关，因此，投资者制定交易策略时必将预测其他投资者的行为。

现有研究在解决动量效应、日历效应、羊群效应等问题时通常将投资者假设为有限理性、过度自信和损失厌恶等类型，认为传统理性交易者假设与现实市场的背离造成经典金融理论无法解释上述现象。随着机构投资者比例的增加以及量化投资技术的广泛应用，严格遵守投资纪律已成为众多投资者恪守的交易准则，非理性投资者在市场中的比重持续下降，然而，金融异象却在市场中不断演绎，人们在解决金融异象问题上似乎从未进步过。

理性预期理论为解释市场诸多异象提供了思路。例如，1987 年全球股灾很难用资产基本面价值的变化进行解释，诸多学者基于理性预期思想衍生出三种对市场崩溃的解释。例如，小事件或价格变化导致的连锁反应（Romer，1993）；多重均衡和非连续的均衡价格函数（Gennotte and Leland，1990）；外生冲击引发流动性持续性下降，造成市场崩溃（Grossman and Miller，1988）。罗默（Romer，1993）认为，在没有新信息进入市场时，投资者对资产价值的评估可能发生理性的变化。两期理性预期模型中，投资者面临两个方面的不确定性：资产价值和其他投资者信息精度。这两个方面的不确定性导致第一期资产真实价值无法被完全揭示，同时使第二期价格的变动可能揭示其他投资者的信息精度，从而引发跟随交易。格诺特和利兰（Gennotte and Leland,1990）在理性预期模型中引入资产组合交易者，他们从需求曲线的非线性进而得到市场总需求函数为倒“S”形的结论。当外生供给增加（供给曲线右移）时，供需曲线交于多个均衡点，此时知情交易者可能将价格的下降归因为基本面价值的恶化而非资产组合交易者策略的非线性，引发集中抛售，造成崩盘。巴列维和韦罗内西（Barlevy and Veronesi，2003）认为，市场只存在知情交易者和非知情交易者时，倒“S”形需求曲线依然存在，导致市场崩溃的发生。他们指出，低价格状态下，不知情交易者不购买风险资产，需求曲线向右下倾斜；价格增加时，不知情交易者的需求曲线向上倾斜；当价格足够高时，价格的信息效果被抑制，总需求曲线重新向右下倾斜。切斯帕和福考尔特（Cespa and Foucault，2014）通过分析含关联资产的市场均衡发现，价格的信息含量与流动性存在相互抑制的关系：某资产流动性的微弱降低意味着价格信息含量的降低，这使得投资者交易另一资产时面临的不确定性增加，交易强度降低，进而使另一资产的流动性降低。这种强化过程意味着微小的流动性变化可能引发流动性干涸（liquidity dry-ups）。

有效市场假说是哈耶克理论的极端情况，无信息的羊群行为则是凯恩斯理论的极端情况。实质上，格罗斯曼和斯蒂格利茨（Grossman and Stiglitz，1980）的“信息有效市场的不可能性”和米尔格罗姆和斯托基（Milgrom and Stokey，1982）的“无交易定理”指明，两种状态均是幻觉，因为前者意味着经济完全失效（价格只反映信息，不反映供需）；后者意味信息完全失效，其存在性本身就是悖论！然而，哈耶克学派和凯恩斯学派的争论奠定了理性预期均衡的基础。基于理性预期的市场微观结构理论研究中：投资者的私人信息通过交易完成传递和交换，交易主体提交交易指令的过程，既是对私人信息价值的兑现，又是对市场外部信息的试错和学习。投资者基于信念而非信息进行交易，信念由私人信息和外部信息预期加权构成，权重依赖于私人信息精度和外部信息精度的预期。

根据所披露信息量的不同，理性预期均衡可分为完全揭示的均衡和部分揭示的均衡。如果均衡中披露了投资者的所有信息，那么它就是完全显示的，此时市场处于强势有效状态；如果理性预期均衡只揭示投资者的部分私人信息，那么它就是部分显示的。完全显示的理性预期均衡存在以下问题：如果投资者能通过观察价格获得所需要知道的不确定性信息并制定最优交易策略时，他们会忽略私人信息，在这种情况下，价格又如何反映投资者所拥有的信息呢？这个问题说明完全显示的理性预期均衡可能不可实施，或者需要解决什么样的交易机制能保证该均衡实现的问题。

1.4 市场中的交易机制与投资者类型

从微观视角探讨信息聚集效率、价格有效性与市场均衡状态等问题时，先要清楚市场的微观定价机制和投资者类型。金融市场中，许多不同类型的投资者在一个交易系统中相互博弈，如做市商、套期保值者（农民、制造商、矿主等）、投资者（个人投资者、基金、信托、资产管理者）、投机者（个人、企业）、知情交易者（公司高管、行业分析师等）等。市场通过特定机制确定价格，从而平衡证券的供给和需求。不同的市场有不同的价格形成机制和市场规则，相关交易者的行动顺序也由市场规则确定。

1.4.1 交易机制

证券交易机制的分类标准通常有两种：一种是从时间角度（即根据证券交易在时间上是否连续）把证券交易机制分为间断性交易机制和连续性交易机制；另一种是从报价方式上把证券交易机制分为指令驱动市场和报价驱动市场。另外，也有根据交易手段将市场分为人工交易和电子交易两种类型。

指令驱动市场中，投资者在系统撮合交易前下达指令，通过系统撮合形成交易价格。例如，我国 A 股市场中集合竞价阶段，投资者在一段时间内进行买卖申报，申报结束后，所有订单通过系统撮合形成开盘价，未成交部分进入连续竞价阶段。指令驱动市场可以存在做市商，他们同时向市场提交买卖指令，通过赚取买卖价差获利。没有做市商的指令驱动的市场中，由提交限价指令的投资者承担做市功能，为市场提供流动性。报价驱动市场通常称为做市商市场（有做市商交易的市场不一定是报价驱动市场），它一般由对市场影响较大的做市商制定价格。交易过程中，做市商首先设定买卖价格，然后投资者提交他们的订单。指令驱动市场中，投资者不知道交易对手是谁，且提交的订单可能无法立刻执行，但报价驱动市场中所有投资者都将做市商看作交易对手，交易指令无须等待即可被执行。例如，我国债券市场中的柜台交易采取报价驱动机制。截至 2019 年 12 月，中国工商银行、中国农业银行、中国银行、中国建设银行、招商银行、北京银行、民生银行、南京银行和宁波银行开展面向零售客户的银行柜台债券交易业务。银行在中央国债登记结算有限责任公司开立一级代理总账户，银行为所有客户开立二级明细账户。银行以做市商身份在柜台向零售客户进行连续买卖双边报价，客户可以按报价即时成交。不同证券市场在开盘价、收盘制度、开收盘价格以及大宗交易的价格确定方面具有不同的机制。

不管是指令驱动市场还是报价驱动市场，由于其他投资者可能拥有资产价值的私人信息，因而做市商都面对潜在的逆向选择风险。指令驱动市场中，潜在的知情交易者优先提交订单，因而具有信息传递功能；报价驱动市场中，不知情的做市商先行，他们为知情交易者提出一个交易计划，因而市场具有信息甄别功能。

除定价机制外，市场在其他方面仍存在差异，如匿名制、事前或事后透明等。近些年，信息技术的发展使交易效率更高、信息更透明。一般来说，交易透明指的是有关交易者的报价、数量和身份的信息。事后透明指的是交易后披露的规则，事前透明指的是在交易过程中可得到的信息。连续竞价过程中，所有投资者都能看到部分限价指令簿中的信息，但有些限价指令信息只能通过购买才能观察到。不同的交易机制具有不同的信息传递效果，改变投资者的信息集和最优交易策略会最终影响均衡状态的信息有效性。

1.4.2 投资者类型

路冠平（2019）指出，金融市场参与者的不同会造成市场功能发挥和运行模式的截然不同。例如，黄金市场存在场外询价合约、黄金现货递延合约、黄金期货合约、黄金99.99现货合约。其中，期货合约的个人客户最多，市场波动最大。黄金递延合约市场参与者包括个人客户、黄金产业链相关企业、银行等，其价格发现能力较强，价格与境外LBMA价格基本同步。而黄金99.99以机构客户、银行为主，尽管成交量达到Au（T+D）的一半，但流动性与Au（T+D）差距巨大，价格较境外价格也有滞后。

对投资者分类是市场交易者行为和价格形成研究的基础。基里连科等（Kirilenko et al.，2017）使用CME标普mini合约单日成交量、净持仓/市场交易量进行聚类分析，根据分析结果将市场参与者分为小交易者、单合约做市交易者、跨市场套利者、现货商、投机者、高频交易者等，其中高频交易者的交易量和持仓量之比最大，也就是高频交易者以较小的持仓完成了大量交易。投机者和做市商的交易量与持仓量之比远小于高频交易者，但比基本面交易者的交易频率高。信息模型研究中，巴热特（Bagehot，1971）最先将市场投资者分为知情交易者和非知情交易者两类。随着信息模型的不断发展，对投资者类型的划分越细。现有研究从信息结构、风险偏好、交易期限、交易目的以及异质信念等方面区分投资者类型，得到了不同的市场均衡状态和价格形成机制。

1.4.2.1 交易者信息结构

比赫尚丹尼等（Bikhchandani et al.，1992）研究了投资者拥有离散信息结构的交易模型，其中，每个投资者只能收到高或低两种类型的信号，且行动空间也是离散的，投资者只能买入或卖出固定数量证券。在这种假设下，信息惯性发生，投资者很容易在错误的方向扎堆，对某个投资者而言，即使私人信息显示资产价值较高，当他观察到其他投资者卖出资产时也会选择卖出，市场出现羊群效应。巴内吉（Banerjee，1992）和李银河（Lee，1993）指出，如果投资者拥有连续的行动空间，则他们可以提交连续需求量的订单，此时均衡的资产价格可以收敛到完全揭示真实价值的均衡。而史密斯和索伦森（Smith and Sørensen，2000）发现信号强度无限大时，即投资者拥有资产价值的完全信息，那么在离散的行动空间假设下，市场也会收敛到价格揭示完全信息的均衡。

凯尔（Kyle，1985）研究了拥有连续型完全信号的内幕交易者行为。在单期的交易模型中，内幕交易者仅拥有关于风险资产清算价值的信息；在连续拍卖的序贯交易模型中，风险中性的竞争性做市商的存在使历史价格成为公开信息的充分统计量，历史价格成为内幕交易者信息结构的一部分。与内幕交易者相比，知情交易者通常被假设为收到关于资产真实价值的含噪声的信号，如格罗斯曼和斯蒂格利茨（1980）、凯尔（1989）、福斯特和维斯瓦纳坦（Foster and Viswanathan，1996）等的研究假设中都令知情交易者的私人信息包含噪声，然后根据此信息进行贝叶斯更新。格罗斯曼和斯蒂格利茨（1980）假设所有交易者花费成本后能观察到相同的信号，资产清算价值由两部分组成：交易者观察的信号和随机噪声。在这种假设下，如果不存在噪声交易者，则会产生 Grossman-Stiglitz 悖论。凯尔（1989）、福斯特和维斯瓦纳坦（1996）都假设知情交易者收到对称的含噪声的私人信息。不同的是，凯尔（1989）模型中交易者噪声信号相互独立，而福斯特和维斯瓦纳坦（1996）的模型中，交易者的噪声信号存在相关性。

海尔维格（Hellwig，1980）、维夫斯（Vives，1995）以及戴尔蒙德和韦雷基亚（Diamond and Verrecchia，1981）等研究了对称的竞争性理性预期模型。该模型中令交易者都知道市场运作的准确模型，并且能够从市场价格中对不确定的市场参数进行推导。因此，价格是当期市场新信息的充分统计量，交易者提交需求计划时会将价格作为个人信息结构的一部分。陈旗等（Chen et al.，2014）考虑了知情交易者拥有不同信息精度的不对称信息结构，发现信息不对称程度越高，价格披露的私人信息就越多，而且市场存在多重均衡的可能。

证券市场的运行也是投资者私人信息和市场公开信息不断融入价格中的过程，（个体或群体拥有）不同的信息结构意味着个体投资者的期望收益和风险不同，从而影响他们对私人信息和公开信息赋予的权重，进而改变投资需求。在供需均衡条件下，单个投资者的信息通过交易融入资产价格，投资者对价格的敏感程度影响市场均衡特性。由此可见，对投资者信息结构的合理设定是讨论市场有效性的基础。

1.4.2.2 风险偏好

根据交易者风险偏好的不同可分为风险中性投资者、风险厌恶投资者和风险追求投资者。金融学研究中，通常不考虑风险追求投资者的行为，大多针对风险中性和风险厌恶投资者展开研究。

含做市商的市场研究中，一般将做市商假设为竞争的风险中性交易者。

凯尔（1985）、维夫斯（1995）等都将做市商假定为风险中性交易者，他们收到其他交易者提交的总订单流并使用贝叶斯更新对资产定价。这与半强有效市场假说一致，价格反映了所有可以得到的公开信息。凯尔（1985）在序贯交易模型下研究订单驱动市场中的内幕交易行为，其中，内幕交易者和噪声交易者先提交订单，竞争性的做市商根据观察到的订单流设定价格，风险中性假设下，资产价格是历史交易订单的充分统计量。维夫斯（1995）证明了完全竞争的风险中性做市商存在时，序贯交易和同时提交订单指令的博弈（内幕交易者和做市商同时行动）可以得到相同的结果。若做市商为风险厌恶型，那么存货风险会降低他们的期望效用，他们定价时将通过风险溢价弥补效用损失，这使得从价格和成交量中获得信息成为可能，技术分析有效。郭明和凯尔（Guo and Kyle，2005）分析了含风险厌恶型做市商的连续时间模型，发现市场存在过度波动的现象，这主要是由于风险厌恶型做市商为承担风险而要求补偿造成的。切斯帕和维夫斯（2012）、布朗和詹宁斯（Brown and Jennings，1989）、切斯帕（Cespa，2002）等模型中风险厌恶的知情交易者行使做市商的功能，此时价格不再是鞅过程，历史价格含有比当前价格更多的信息。

凯尔（1985）模型中，内幕交易者是风险中性的交易者，其收益是交易量的二次函数，最优交易策略根据收益的一阶导数为零求得。然而现有文献中大多将交易者定义为风险厌恶型交易者，且都拥有常系数风险厌恶（CARA）型效用函数。与风险中性交易者相比，风险厌恶交易者具有更谨慎的行为，他们希望尽早交易以避免未来价格的不确定性。

因此，从风险中性和风险厌恶角度考虑交易者和做市商，对研究其交易行为和市场均衡特性有重要影响。

1.4.2.3 交易期限

在多期交易的研究中，投资者交易期限将影响市场最终的均衡状态。一般将只关注资产清算价值的交易者称为长期投资者，与长期投资者相比，有些投资者由于流动性需求、业绩激励制度、市场摩擦等因素无法长期持有资产，将这部分交易者称为短期交易者（Holmstrom and Costa，1986；Shleifer and Vishny，1990）。

史匹格（Spiegel，1998）、布朗和詹宁斯（1989）、弗鲁特等（Froot et al.，1992）、道琼斯和高顿（Dow and Gorton，1994）、切斯帕（2002）、维夫斯（2008）等都研究了短期知情交易者对市场均衡特征的影响。维夫斯

(1995）研究了半强有效市场中短期知情交易者的投资行为，他发现投资者并不要求获得风险补偿且不存在“回溯推断”现象时，市场有且只有唯一均衡，与长期交易者相比，短期交易者的交易强度更低。布朗和詹宁斯(1989）分析非半强有效市场中短期交易者的交易现象并给出了技术分析的基本原理，非半强有效市场预测风险资产清算价值时，从历史价格中获得的信息要比当期价格获得的信息多。

此外，市场均衡状态也受噪声交易者投资期限的影响。切斯帕和维夫斯(2015）将噪声交易量假定为具有一期相关性，结合短期知情交易者，得到了三个均衡解。

1.4.2.4 交易目的不同

在理性预期模型中，完全揭示的均衡不存在研究意义。因此，大多数学者在理性预期模型中通过引入噪声交易达到避免资产清算价值被完全提示的目的。但这些模型通常将噪声交易看作外生变量，没有解释噪声交易者为市场提供流动性的动机，也没有分析噪声交易者的最优交易策略。

为了解释噪声交易者的决策行为，梅德拉诺和维夫斯（Medrano and Vives，2009)、道琼斯（Dow，2004）等考虑了噪声交易者具有套期保值目的的情况。梅德拉诺和维夫斯（2009）发现套期保值者的风险厌恶程度很高时，其交易行为类似于噪声交易者的行为，说明在一般的噪声交易模型中的福利分析可能是不正确的。道琼斯（2004）考虑了风险厌恶程度不同的套期保值者对市场均衡的影响，发现市场存在多重均衡的可能。

1.4.2.5 异质信念

传统金融学认为金融市场中交易者获取信息是同步的，以同质交易者作为基本假设，发展出资产组合理论、资本资产定价模型、套利定价理论等经典学说。然而，异质信念才是证券市场的真正特征，这一观点在金融学研究中得到越来越广泛的认可（张圣平等，2003)。

1.5 市场质量指标

从现有资本市场实践和学术界的研究成果来看，对市场质量的衡量主要从六个方面展开，分别是流动性、波动性、信息有效性、透明性、公平性和可靠性，其中，流动性、波动性和信息有效性是监管者和学者关注的重点。

1.5.1 市场流动性

阿米哈德和孟德尔森（Amihud and Mendelson，1989）认为，流动性就是在一定时间内完成交易所需要的成本，或寻找一个理想的价格所需要的时间。马西姆布和菲尔普斯（Massimb and Phelps，1994）把流动性概括为为进入市场的订单提供立即执行交易的一种市场能力。当一种资产能够以较小的成本迅速交易时，我们认为该资产具有流动性。

流动性是证券市场的生命力所在。二级市场的流动性为投资者提供了转让和买卖证券的机会，也为筹资者提供了筹资的必要前提。如果市场缺乏流动性而导致交易难以完成，市场也就失去了存在的必要。

路冠平（2019）认为，流动性包含四个维度，分别是即时性、交易成本、交易数量和市场深度（交易对价格的影响）。凯尔（1985）认为，若资产短期内能够以无损失的、确定的价格实现价值，则具有较强的流动性，即流动性好意味着市场能以最小的价格冲击提供交易。在四个维度中，市场深度的含义最广，同时也能部分地反映投资者面临即时性、交易成本和交易数量。维夫斯（2008）指出，在深度大的市场中，外生交易冲击对价格的影响较小，投资者完成较大规模的资产交易所需的时间更快、成本更低，则市场流动性高。

莫格（Maug，1998）的研究表明，高流动性的市场可以使大股东有效地掩饰其信息优势，从而进行内幕交易提高自身利益，所以高流动性的市场能增强股东监督公司的动力。刘逖（2011）将衡量流动性的方法总结为价格法、交易量法、价量结合法和时间法。价格法衡量流动性的方法主要有价差法、价格改善法等；交易量法主要包括市场深度、成交深度、成交率、换手率等。价格法和交易量法以刻画限价指令簿动态变化特征为主（邴涛等，2017；Chiarella et al.，2015；Hasbrouck，2018）。然而价格法和交易量法衡量流动性具有先天不足，比如买卖价差可能高估或低估潜在成本，只适合小额订单。价量结合法克服了以买卖价差和单纯交易量方法衡量流动性的不足，比如价格冲击模型衡量即时交易成本，同时反映交易的深度和宽度，凯尔（1985）使用噪声冲击对均衡价格的影响程度度量流动性，用于分析净交易行为对价格变化的影响。该方法得到广泛应用（Cespa and Vives，2015；Liu et al.，2018；Han et al.，2016；Yang and Zhu，2019）。此外，格洛斯滕和哈里斯（Glosten and Harris，1988）、哈斯布鲁克（Hasbrouck，1991）分别提出交易成本模型和刺激反映函数度量市场流动性。

1.5.2 价格波动性

波动性是指价格的非预期变化趋势，它可以用方差表示。格伦（Glen，1994）把波动性定义为价格变化的频率和幅度，认为流动性高且有效的市场波动性低于流动性差且无效的市场。

价格波动反映两个方面内容：反映资产价值信息的波动和无信息的波动。有效市场假说认为价格能快速反映新信息，而行业发展的变化、宏观经济政策的调整具有多变性，因此，新信息的不断到来意味着资产价格不断发生变化，造成波动的发生。另外，噪声交易者、流动性交易者、套期保值者、操纵者等即使未收到资产价值的任何信息，他们也会进入市场交易，对价格造成冲击。有效市场假说认为这些冲击要么能够相互抵消，要么能被大量套利者抵消，最终均衡价格仍能反映内在价值。但大量实证研究表明，套利结果并不总是有效。例如，皇家荷兰和壳牌公司分别位于荷兰和苏格兰，于1907年组成战略联盟，两家公司统一在保留各自独立的有区别的实体的基础上按照60：40的股权比例进行合并，所有的现金流量分成、税收调整以及对公司的控制权也按这个比例执行，理论上两家公司的股价比例为3：2，但从1980年9月至1995年9月，两家公司股票价格比长期偏离1.5。这说明无信息交易对市场的冲击可能持续存在，使得套利风险特别高。剔除资产价值信息影响的价格波动是外生冲击和市场流动性的综合反映。外生冲击为零时，资产价格波动与内在价值波动同步。当单位外生冲击发生时，剔除资产价值信息影响的价格波动越大，则市场流动性越低。

波动性对投资者和监管者都有十分重要的意义。对投资者而言，波动性直接影响个人收益，例如，价格的下跌将导致所有多头投资者受损，而价格的上升将导致所有空头投资者受损。期权投资者尤其关注波动性，因为期权合约的价值取决于基础证券的波动性。对监管者而言，稳定市场是证券市场的基本功能，如果价格波动性很高，说明市场存在一些问题。由于合理的、真实的、相对稳定的价格在资源配置中具有十分重要的意义，因此，监管者在市场过度波动时通常采取一些稳定市场的措施。

从证券市场发展的历史过程来看，证券市场的波动时起时伏，有些时候市场的波动十分剧烈，而有些时候市场波动则相当小。有时候价格在一个较短的时期内发生急剧变化，这段时期通常被称作波动插曲。

1.5.3 信息有效性

金融市场微观结构中的信息有效性是指价格对基本面价值的反应程度或偏离基本面价值的程度。维夫斯（1995）指出，价格的信息含量会随着知情交易者的信息优势和知情交易者比例的增加而增加，随着基本价值的波动率和噪声交易数量的增加而减少。兰伯特等（Lambert et al.，2012）将均衡价格与资本基本面价值的差异称为资本成本，均衡价格严重偏离资产基本面价值时，资本成本高，此时资产价格对真实价值的揭示程度低。

信息有效对证券市场具有重要的意义：（1）在信息有效的市场中，均衡价格不会偏离真实的资产价值太远，从而可以避免突然的价格变化；（2）在有效市场中，由于人们相信价格包含了所有的信息，因而就不会花过多的精力研究价格是否偏高或者偏低，从而降低搜寻成本；（3）在信息有效市场中，由于资产价格能及时准确反映信息，因而监管者可以通过释放信息优化市场的资源配置，提高资本运行效率。

1.5.4 交易机制和市场质量的关系

对交易机制的评价，实际上是对市场整体质量的评价。市场质量是证券市场核心竞争力的综合表现，是市场组织者和监管者改进市场质量的指南，也是投资者决定是否进入或留在市场中的重要依据。而合适的交易机制对市场质量的改善至关重要。

我国金融市场自2010年推出融资融券制度，在一定程度上建立了卖空机制。贝伯和帕加诺（Beber and Pagano，2013）分析2007～2009年金融危机期间的卖空行为发现，卖空限制对流动性造成负面影响，这一影响在不同股票中呈现不同特征，对小盘股的影响更显著。约瑟夫等（Joseph et al.，2002）将卖空限制与投资者异质信念结合，认为卖空限制阻碍了对证券价格看空的投资者行为，直到市场下跌时，看空投资者才得以交易，而这进一步促进了已积累的大量负面信息的释放，造成市场崩盘。陈淼鑫和郑振龙（2008）通过研究38个国家和地区的卖空机制影响发现，虽然卖空机制导致股指收益率向负向偏离，但却不会加大市场波动性，反而可以降低市场崩盘风险。许红伟和陈欣（2012）认为，诸多的交易限制使得我国融资融券机制尚未完全发挥功能，导致融资融券只对少数指标具有积极作用，而总体上效果有限。

2013年2月8日，全国中小企业股份转让系统（以下简称“股转系统”）发布了《全国中小企业股份转让系统过渡期股票转让暂行办法》，对协议转让的交易流程和委托单形式作出了详细规定。在协议转让方式下，股转系统更多的是提供了一个交易信息的发布平台，主办券商在其中起到的作用主要是执行已达成协议的买卖双方的交易指令。2013年12月30日，股转系统发布了《全国中小企业股份转让系统股票转让细则（试行）》，对可采取的三种转让方式作出了详细规定，要求提供做市服务的“做市商应在全国股份转让系统持续发布买卖双向报价，并在其报价范围内按其报价履行与投资者的成交义务”。2014年7月3日，股转系统发布了《全国中小企业股份转让系统转让方式确定及变更指引（试行）》，明确了协议转让向做市转让转变的条件。2014年8月25日，首批公司开始实施做市转让，新三板正式进入协议转让和做市转让并行的双交易制度时代。陈辉和顾乃康（2017）通过研究新三板挂牌公司的股票转让方式由协议转让变更为做市转让对股票流动性和证券价值的影响发现，做市机制对股转市场股票流动性和证券价值都产生了正面影响。

焦贺英等（2011）采用人工股市模拟的方式探讨了不同价位股票最小报价单位变动对市场质量的影响，其研究发现，不同于相对低价股，如果提高相对高价股的最小报价单位，虽然不可避免地会使价差显著增大，但可在不显著增加波动性的同时使市场深度、交易量和市场效率都得到明显改善，从而显著提高了市场质量。

1.6 预备知识

本书主要使用线性正态模型，涉及信息结构理论、博弈论和贝叶斯推断等相关原理，后续研究需要具备相关基础理论知识。

1.6.1 信息结构与贝叶斯推断

给定任意一个集合，自然状态空间为（Ω，E），其中，E 是事件集 Ω 的一个子集族（即 $E\subseteq 2^{\Omega}$）。（Ω，E）上的概率测度是满足以下性质的函数：P：$E\to[0,1]$，$P(\Omega)=1$，以及对任何两两不相交的事件，它们并集的概率等于它们的概率之和，称（Ω，E，P）为一个概率空间。

贝叶斯法则：令 A_1，A_2，…为概率空间（Ω，E，P）上的一系列不相交事件，且它们的并集为 Ω，B 为一个事件且 $P(B)>0$。则：

$$P(A_i \mid B) = \frac{P(B \mid A_i)P(A_i)}{\sum_{j=1}^{\infty}P(B \mid A_j)P(A_j)}, i = 1,2,\cdots$$

考虑自然状态空间（Θ，E）及概率空间（Θ，E，P），假设投资者知道每个事件的概率分布 P，称之为先验分布。投资者能够得到的信息为状态空间 Θ 的划分，也就是通过可测函数 ϕ：$\Theta\to S$，其中，S 是信号空间。在这种情况下，当投资者收到信号 $s\in S$ 时，即知道了自然状态落在划分的哪个单元里。通常，投资者的信号包含噪声，即 s 对每个 θ 都有一个条件密度 $h(s\mid\theta)$。此时，投资者的信息结构由信号空间和似然函数（S，$h(\cdot\mid\theta)$）决定。

一旦投资者收到信号 s，依据贝叶斯法则更新其关于 θ 的分布，形成 s 条件下 θ 的后验分布。假设先验分布的密度函数是 $f(\theta)$，似然密度函数是 $h(s\mid\theta)$，记后验密度是 $f(\theta\mid s)$，则：

$$f(\theta \mid s) = \frac{h(s \mid \theta)f(\theta)}{\int h(s \mid \theta)f(\theta)d\theta}$$

1.6.2 充分统计量和信号的信息量

任何关于随机变量或随机向量观测值 s 的函数 Ψ 称为统计量。如果对于 θ 的先验分布，其后验分布只是以 $\Psi(s)$ 的形式依赖于 s，则统计量 Ψ 称为充分统计量。此时，对于任何先验分布，为了得到 θ 的后验分布，我们只需要知道 $\Psi(s)$ 的值。如果对任何的先验分布 $f(\cdot)$ 和任何满足 $\Psi(s')=\Psi(s'')$ 的 $s'\in S$，$s''\in S$，都有 $f(\cdot\mid s')=f(\cdot\mid s'')$，则统计量 Ψ 是一族分布

$\{h(\cdot|\theta), \theta\in\Theta\}$ 的充分统计量。

通常使用分解准则判断某个函数是否为充分统计量：当且仅当任何 $s\in S$ 及 $\theta\in\Theta$ 能分解为 $h(s|\theta)=u(s)v(\Psi(s),\theta)$ 时，统计量 Ψ 是一族分布 $\{h(\cdot|\theta),\theta\in\Theta\}$ 的充分统计量。其中，函数 u 恒为正，不依赖于 θ，函数 v 非负，只通过 $\Psi(s)$ 依赖于 s。

例如，假设观测到信号 s_1，…，s_n 来自正态分布，均值 θ 未知，方差 $\sigma^2>0$ 已知。因此，似然函数 $h(\cdot|\theta)$ 的均值是 θ，方差是 $\sigma^2>0$，条件联合密度函数为：

$$
\begin{aligned}
h_n(s_1,\cdots,s_n|\theta) &= (2\pi\sigma^2)^{-\frac{n}{2}}\exp\left\{-\frac{1}{2\sigma^2}\sum_{i=1}^{n}(s_i-\theta)^2\right\} \\
&= (2\pi\sigma^2)^{-\frac{n}{2}}\exp\left\{-\frac{1}{2\sigma^2}\sum_{i=1}^{n}s_i^2+\frac{\theta}{\sigma^2}\sum_{i=1}^{n}s_i-\frac{n\theta^2}{2\sigma^2}\right\} \\
&= (2\pi\sigma^2)^{-\frac{n}{2}}\exp\left\{-\frac{1}{2\sigma^2}\sum_{i=1}^{n}s_i^2\right\}\exp\left\{\frac{\theta}{\sigma^2}\sum_{i=1}^{n}s_i-\frac{n\theta^2}{2\sigma^2}\right\}
\end{aligned}
$$

令 $u=(2\pi\sigma^2)^{-\frac{n}{2}}\exp\left\{-\frac{1}{2\sigma^2}\sum_{i=1}^{n}s_i^2\right\},\Psi=\sum_{i=1}^{n}s_i,v=\exp\left\{\frac{\theta}{\sigma^2}\Psi(s)-\frac{n\theta^2}{2\sigma^2}\right\}$，则 $h_n(s_1,\cdots,s_n|\theta)$ 可按上面的准则分解，且 $\Psi(s)=\sum_{i=1}^{n}s_i$ 是一个充分统计量。

如果信息结构是以划分空间的形式给出，那么越细的划分包含的信息量越大（空间划分较粗的信息结构中的元素是空间划分较细的信息空间中元素的并集），显然更细的划分对投资者更好。

布莱克威尔（Blackwell，1951）在信息结构的概念中引入充分性概念。他指出，在独立于 θ 的前提下，如果 s′可以通过 s 添加噪声得到，则信息结构（S，h）对另一个信息结构（S′，h′）是充分的，此时，投资者在可选 s 时将不会选择 s′。若 s 对 s′是充分的，则称信号 s 比 s′具有更多的信息量。

1.6.3 正态分布与仿射信息结构

正态（高斯）分布有着很方便的性质，其中之一就是条件期望是线性的，这对回报是二次型或负指数效用函数时的博弈中得到线性均衡是至关重要的。

随机变量 x 服从均值为 $\mu=E[x]$，方差为 $\sigma^2=Var[x]>0$ 的正态分

布，它在 $-\infty<x<+\infty$ 任意一点处的概率密度为：

$$f(x)=\frac{1}{\sqrt{2\pi\sigma}}\exp\left\{-\frac{1}{2}\left(\frac{x-\mu}{\sigma}\right)^2\right\}$$

记为 $x\sim N(\mu,\sigma^2)$。如果 $x\sim N(\mu,\sigma^2)$ 且 $y=\alpha+\beta x$，其中，α、β 均为常数，则 $y\sim N(\alpha+\beta\mu,\beta^2\sigma^2)$。如果 $x\sim N(\mu,\sigma^2)$，则 $z=(x-\mu)/\sigma$ 服从 $N(0,1)$ 分布。如果 $x\sim N(\mu,\sigma^2)$ 且 β 为常数，则 $E[e^{\beta x}]=e^{\beta\mu+\frac{\beta^2\sigma^2}{2}}$，$E[|x-\mu|]=\sigma\sqrt{2/\pi}$。

类似的可以定义多元正态分布，令 n 维正态随机变量 $\binom{\theta}{s}\sim N(\mu,\sum)$，其中，$\mu\in R^n$，方差—协方差矩阵 $\sum\in R^{n\times n}$，则均值向量和方差—协方差矩阵可分解为：

$$\mu=\begin{bmatrix}\mu_\theta\\ \mu_s\end{bmatrix};\quad \sum=\begin{bmatrix}\sum_{\theta,\theta} & \sum_{\theta,s}\\ \sum_{s,\theta} & \sum_{s,s}\end{bmatrix}$$

θ 和 s 的边缘分布都是正态分布：$\theta\sim N(\mu_\theta,\sum_{\theta,\theta})$，$s\sim N(\mu_s,\sum_{s,s})$。利用正态分布的投影定理，条件期望 $E[\theta|s]$ 满足性质关系 $E[E[\theta|s]]=E[\theta]$ 和 $Cov[\theta-E[\theta|s],s]=0$。使用期望的迭代法则可以得到 $E[E[\theta|s]]=E[\theta]$。$Cov[\theta-E[\theta|s],s]=0$ 的几何解释为：当 $\mu_\theta=\mu_s=0$ 时，$E[\theta|s]$ 是 θ 在 s 的分量所生成的子空间上的投影。于是，给定 s，θ 的条件概率密度函数是正态时，条件均值为 $\mu_\theta+\sum_{\theta,s}\sum_{s,s}^{-1}(s-\mu_s)$，条件方差—协方差为 $\sum_{\theta,\theta}-\sum_{\theta,s}\sum_{s,s}^{-1}\sum_{s,\theta}$，其中，$\sum_{s,s}$ 为非奇异的。（即 $(\theta|s)\sim N(\mu_\theta+\sum_{\theta,s}\sum_{s,s}^{-1}(s-\mu_s),\sum_{\theta,\theta}-\sum_{\theta,s}\sum_{s,s}^{-1}\sum_{s,\theta})$）

投影定理可以得到非常重要的结论：（1）条件方差—协方差矩阵并不依赖于 s 的实现值；（2）条件期望 $E[\theta|s]$ 是信息 s 的充分统计量，对于更新关于 θ 的信念，$E[\theta|s]$ 与 s 具有相同的信息。

性质：假定（θ，s）是联合正态分布，令 $\eta=\theta-E[\theta|s]$，则 η 与 $E[\theta|s]$ 是相互独立的随机变量。给定 s 时 θ 的条件分布与给定 $\varphi(s)=E[\theta|s]$ 时 s 的条件分布相同。两者的分布都是正态的，均值和方差分别为：

$$E[\theta|s]=E[\theta|\varphi(s)]$$

和

$$Var[\theta \mid s] = Var[\theta \mid \varphi(s)] = Var[\eta]$$

若 θ 与 s 均为一维随机变量，s 为信号且具有无偏性（即 $E[s \mid \theta]=0$），则信号可以解释为真值加噪声：$s=\theta+\varepsilon$，其中，$\varepsilon \sim N(0,\sigma_\varepsilon^2)$，$Cov[\theta,\varepsilon]=0$。将正态分布随机变量方差的倒数记作精度（若随机变量 x 服从 $N(\mu_x,\sigma_x^2)$，则记 $\tau_x=1/\sigma_x^2$ 为该变量的精度）。用后验分布衡量信号的精度为 $\tau_\theta+\tau_\varepsilon$（也就是 $Var[\theta \mid s]=(\tau_\theta+\tau_\varepsilon)^{-1}$）。信号的后验精度为先验精度 τ_θ 加上信号的精度 τ_ε。后验均值可以写为：

$$E[\theta \mid s]=\xi s+(1-\xi)\mu_\theta, \quad 其中\ \xi=\frac{Cov[\theta,s]}{Var[s]}=\frac{\tau_\varepsilon}{\tau_\theta+\tau_\varepsilon}$$

系数 ξ 是 θ 关于 s 的回归系数，也是 θ 和 s 的相关系数的平方。从上式看出，$E[\theta \mid s]$ 是信号与先验均值的加权平均，权重为它们对应的相对精度。当信号完美时，$\xi=1$；当信号无用时，$\xi=0$。

对于条件独立的信号其精度具有可加性。假设有 n 个信号 $s_i=\theta+\varepsilon_i$，$i=1,\cdots,n$，扰动项 ε_i 均值为 0，相互独立并与 θ 相互独立，此时 θ 的条件均值和方差分别为：

$$E[\theta \mid s_1,\cdots,s_n] = \mu_\theta + \frac{1}{\tau_\theta+\sum_{i=1}^{n}\tau_{\varepsilon_i}}\sum_{i=1}^{n}\tau_{\varepsilon_i}(s_i-\mu_\theta)$$

$$= \frac{1}{\tau_\theta+\sum_{i=1}^{n}\tau_{\varepsilon_i}}\left(\tau_\theta\mu_\theta+\sum_{i=1}^{n}\tau_{\varepsilon_i}s_i\right)$$

和
$$Var[\theta \mid s_1,\cdots,s_n] = \frac{1}{\tau_\theta+\sum_{i=1}^{n}\tau_{\varepsilon_i}}$$

信号的精度加权平均数为：$\tilde{s}_n=\dfrac{1}{\sum_{i=1}^{n}\tau_{\varepsilon_i}}\sum_{i=1}^{n}\tau_{\varepsilon_i}s_i$

是信号 $\{s_1,\cdots,s_n\}$ 的充分统计量。

1.6.4 正态分布与 CARA 效用函数

效用函数 $U: R\rightarrow R$，如果是负指数形式：$U(w)=-e^{-\rho w}$ 则称为常数绝对

风险厌恶型效用函数，其中，$\rho>0$ 为它的风险厌恶系数（$\rho=-U''/U'$）。如果 $w\sim N(\mu,\sigma^2)$，则 $E[-e^{-\rho w}]=-e^{-\rho(\mu-\rho\sigma^2/2)}$。

若 z 为均值为 μ,方差—协方差矩阵为 $\sum$ 的 n 维正态分布随机变量,且 $w=c+b'z+z'Az$,其中,$c\in R$,$b\in R^n$ 且 A 为 $n\times n$ 的矩阵。如果 $\sum^{-1}+2\rho A$ 是正定的且 $\rho>0$,则:

$$E[-e^{-\rho w}]=-\left|\sum\right|^{-\frac{1}{2}}\left|\sum^{-1}+2\rho A\right|^{-\frac{1}{2}}\times\exp\left\{-\rho\left[c+b'\mu+\mu'A\mu-\frac{\rho}{2}(b+2A\mu)'\left(\sum^{-1}+2\rho A\right)^{-1}(b+2A\mu)\right]\right\}$$

若 $\mu=0$,则:

$$E[-e^{-\rho w}]=-\left|\sum\right|^{-\frac{1}{2}}\left|\sum^{-1}+2\rho A\right|^{-\frac{1}{2}}\times\exp\left\{-\rho\left[c-\frac{\rho}{2}b'\left(\sum^{-1}+2\rho A\right)^{-1}b\right]\right\}$$

基于上述结论，如果 $x\sim N(\mu_x,\sigma_x^2)$，$y\sim N(\mu_y,\sigma_y^2)$ 且 $cov[x,y]=\sigma_{xy}$，则:

$$E[e^{x-y^2}]=\frac{1}{\sqrt{1+2\sigma_y^2}}\exp\left\{\mu_x+\frac{\sigma_x^2}{2}-\frac{(\mu_y+\sigma_{xy})^2}{1+2\sigma_y^2}\right\}$$

1.6.5 瓦尔拉斯均衡、纳什均衡和贝叶斯均衡

1.6.5.1 瓦尔拉斯均衡

瓦尔拉斯均衡也称为一般均衡理论。瓦尔拉斯认为，当满足商品效用方程式和最初所拥有的商品数量这两个条件时，均衡价格就可以确定了。即在纯交换经济中，进入市场的参与者带着既定数量的商品作为供给，根据它们的效用进行交换，必定能达到均衡。用 S_i 表示进入市场进行交换的第 i 种商品的供给量（$i=1, 2, \cdots, n$），用 P_i 表示第 i 种商品的价格，用 D_i 表示第 i 种商品的需求量。如果第 i 种商品的需求量不仅受到其本身价格的影响，而且还受到其他商品价格的影响，那么需求函数可以表示为:

$$D_i=D_i(P_1,P_2,\cdots,P_n)$$

按照上述定义，当存在一组价格 P_n 时，瓦尔拉斯一般均衡可表述为:

$$D_i(P_1^e, P_2^e, \cdots, P_n^2) - S_i = 0$$

但上式所表示的几种商品的需求方程并不是完全独立的，而是通过供求均衡约束条件 $\sum P_iD_i = \sum P_iS_i$ 而相互关联。这个恒等式表明，就整个交换来说，在任何一组价格下，需求总量必须与供给总量相等。根据一般均衡理论，在均衡状态下，每个消费者的消费利益得到了最大满足，并且在每个市场中需求等于供给，资源分配达到帕累托最优。

1.6.5.2 纳什均衡

如果对于所有参与人都有 $u_i(\sigma_i^*, \sigma_{-i}^*) \geqslant u_i(s_i^*, \sigma_{-i}^*)$，也就是每个参与人在其他参与人策略不变时已经选择了最优策略，则混合策略组合 σ^* 是一个纳什均衡（$-i$ 指除 i 以外的其他参与人）。

表 1.1 考虑了一个纳什均衡博弈，通过分析可以看出，纯策略纳什均衡存在两个（U，L）和（D，R）。而从均衡（D，R）到均衡（U，L）的转换属于帕累托改善。因此，并不是所有的纳什均衡都能达到帕累托最优，同时，虽然两种均衡的转换是帕累托改善，但依靠市场力量是否能实现仍需进一步讨论。

表 1.1　　具有多重纳什均衡的博弈

	L	R
U	(9, 9)	0, 8
D	8, 0	(7, 7)

1.6.5.3 不完全信息下的纳什均衡（贝叶斯均衡）

当参与者不知道其他参与者的回报函数和策略空间时，博弈过程属于不完全信息博弈。例如，公司对需求条件有私人信息或不清楚对手的生产成本，或者投资者可能得到关于资产基本面的部分信息（私人信息）。

在不完全信息博弈中每个参与者的特征或类型只有自己知道。对事件的概率分布通常设定为所有参与者的共同知识，属于共同先验的情况（如果先验不是共同的，那么参与者的信念将不一致）。每个参与者根据自己的类型和私人信息更新他对其他人类型的先验信念，采取不完美信息的策略行动。贝叶斯纳什均衡是这个博弈的不完全信息版的纳什均衡，常常称之为贝叶斯均衡。

假设参与者集合 N 有限。令 τ_i 为参与者 i 的可能类型的集合（欧式空间的一个子集）。参与者的类型从 $\tau = \Pi_{i=0}^{n} \tau_i$ 上的共同先验分布 F 上抽取，其中，τ_0 表示不被任何参与者观测的其他不确定性。令 F_i 为 F 在 τ_i 上的边际分布。令参与者 i 的行动空间 X_i 是欧式空间的一个紧矩形，他的回报由有界可测函数 $\pi_i: X \times \tau_i \rightarrow R$ 给出。从而当行动向量为 $x = (x_1, \cdots, x_n)$ 而实现的类型为 $t = (t_1, \cdots, t_n)$ 时参与者 i 得到的事后回报为 $\pi_i(x; t)$。

行动空间、回报函数、类型集和先验分布是共同知识。参与者的（纯）策略是可测函数 $\varphi_i: \tau_i \rightarrow X_i$，它对每个可能的类型赋一个行动。用$\Xi_i$ 表示参与者 i 的策略空间，并视两个几乎处处（a. s.）相等的策略为同一个。令 $\varphi = (\varphi_1, \cdots, \varphi_n)$，当各个参与者 j 使用策略 φ_j 时，参与者 i 的期望回报为 $\Pi_i(\varphi) = E[\pi_i(\varphi(t_1), \cdots, \varphi_n(t_n); t)]$。

贝叶斯纳什（或贝叶斯）均衡（BNE）是当博弈中参与者 i 的策略空间为Ξ_i 而回报函数为 Π_i 时的纳什均衡。给定策略 $\varphi_j(\cdot)$，$j \neq i$，记 $\varphi_{-i}(t_{-i})$ 为向量（$\varphi(t_1), \cdots, \varphi_n(t_n)$）剔除第 i 个分量。当参与者 i 选择行动 x_i 而其他人采用策略 φ_{-i}时，参与者 i 基于条件 t_i 的期望回报为 $E[\pi_i(x_i, \varphi_{-i}(t_{-i}); t) | t_i]$。策略组合 φ 是一个 BNE，当且仅当对每个 i 行动 $x_i = \varphi_i(t_i)$ 在 X_i 上最大化条件期望回报 $E[\pi_i(x_i, \varphi_{-i}(t_{-i}); t) | t_i]$。

贝叶斯纳什均衡允许私人价值，回报形式可以为 $\pi_i(x, t_i)$（比如每个公司观测到成本的特有冲击），也允许存在共同价值，其回报形式为 $\pi_i(x; t_i) = v_i(x; \sum_j t_j)$（比如每个公司观测到共同需求冲击的一部分）或 $\pi_i(x; t_0)$（比如每个月公司观测到关于共同需求冲击的信号）。

第2章 不完全竞争市场中的信息和均衡

2.1 套期保值者的交易策略及市场均衡分析

衍生品市场中，根据参与目的不同可以将投资者划分为套期保值者、套利者和投机者。郑振龙和陈蓉（2016）指出，如果投资者在现货市场已有一定的风险暴露，其进入衍生品市场的目的是通过衍生品的相反头寸进行风险转移和管理，则此类投资者就属于套期保值者。套期保值是衍生品设计的最初动力，随着衍生品市场的发展，套利者与投机者规模不断扩大，成为衍生品市场不可或缺的投资者。通常将套期保值者看作噪声交易者，投机者看作知情交易者。例如，棉花是棉纺织企业的重要原料，而棉纱和棉布是基础性大宗商品，棉花是完全竞争市场，棉纱价格上涨幅度难以跟上棉花价格上涨，因此，棉花价格上涨往往给棉纺企业带来亏损；类似地，棉花价格下降会给棉花种植者带来亏损，故纺织企业和棉花生产者都有套期保值需求。由于套期保值者的初始禀赋是随机的，故套期保值交易者的总需求可以看作噪声交易。衍生产品的高杠杆特征增加投机者风险的同时，也放大了他们的期望收益，尤其是对拥有精确信息的投机者而言，因此，参与衍生品交易的投机者可以看作知情交易者。

噪声交易者的存在降低了知情交易者的相对比例，使非知情交易者（噪声交易者、投机者、做市商等）面临的逆向选择风险降低①。由于套期保值者（噪声交易者）交易的对手方可能是知情交易者，面临一定的逆向选择风

① 由于市场中存在知情交易者，非知情交易者面临逆向选择风险，当噪声交易者增多时，知情交易者成为非知情交易者对手的概率降低，逆向选择风险降低。

险，故他们进入衍生品市场交易前会先评估交易风险，从而决定是否进入市场。当他们预期其他套期保值者离开衍生品市场时，知情交易者的相对比例增加，使得其他套期保值者面临的逆向选择风险增加，从而进一步使其他套期保值者离开衍生品市场。上述行为持续发生时，投资者的行为将趋于一致，羊群行为发生，降低市场流动性。

从套期保值者行为可以看出，理性投资可能造成投资者行为趋于一致。博弈理论认为，理性的合作博弈①是造成羊群行为的典型原因，最终使市场存在多种均衡状态，比如存在多个解的纳什均衡。史匹格（Spiegel，1998）研究 K 个风险资产的随机供应和信息对称的交易者，得到市场中存在 2^K 个均衡。交易者是短期投资交易者时，合作博弈出现，市场存在多个纳什均衡。切斯帕（2002）通过分析两期动态理性预期模型指出，当市场中存在一部分短期交易者时，市场可能处于一个高交易强度、高价格信息有效性和低条件波动率的均衡，也可能处于低交易强度、低价格信息有效性和高条件波动率的均衡。他指出，在具有高（低）的交易强度模型中，交易者预期到一个向上（下）倾斜的第二期的总超额需求函数，而这个预期会自我实现，因为风险厌恶的短期交易者增加（减少）了他们的交易。短期行为和风险厌恶态度一起导致了多重均衡。切斯帕和维夫斯（2015）对多重均衡给出的直观解释为：由于短期交易者只关注下一期价格，而不直接关注资产基本面价值，导致了短期交易更加关注其他交易者获得的信息。若其他投资者交易强度高，则第二期价格信息含量低，第一期的某投资者面临的清算风险低，那么他愿意加强交易强度，即投资者的行为具有策略互补性。此外，切斯帕和维夫斯（2012）发现，当资产清算价值具有残余不确定性时，即使所有投资者都不具有短视行为，多个纳什均衡也会出现。他们的模型中，均衡要么处于凯恩斯区域（价格对投资者平均信念的反映程度强于对资产基本面价值的反映程度），要么处于哈耶克区域（价格对投资者平均信念的反映程度弱于对资产基本面价值的反映程度）。切斯帕和福考尔特（Cespa and Foucault，2014）的模型中，两个资产的清算价值具有相关性，此时，流动性与价格信息含量之间存在交互影响的现象：当某做市商关注关联资产价格信息时，若均衡时流动性冲击导致关联

---

① 合作博弈是指一些参与者以同盟、合作的方式进行的博弈，博弈活动就是不同集团之间的对抗。在合作博弈中，参与者未必会作出合作行为，然而会有一个来自外部的机构惩罚非合作者。

资产的价格信息含量降低，则该做市商面临的风险增加，缩减交易规模，降低所交易资产的流动性，这导致该资产的价格信息含量降低，最终收敛到新的均衡。陈等（Chen et al.，2014）在完全竞争模型的框架下分析了私人信息精度不同的短期知情交易行为，他们发现私人信息不对称时价格会披露大量的私人信息且会产生多重均衡。张金帆（Zhang，2012）同样研究了短期交易和私人信息不对称时的市场均衡。他指出，由于短视交易下投资者会在信息完全揭示前清算所持资产，所以在不同交易阶段间的私人信息生产存在互促性：某个阶段投资者愿意关注和学习的信息就是预期下一阶段投资者关注和学习的信息。短视交易下信息生产的互促性造成多重均衡的发生；与长期投资相比，短视行为下投资者得到的信息偏少，资产价格的有效性降低。

上述文献的研究对象为基础证券市场，从结论可以看出，信息结构、投资期限、交易目的等的不同造成投资者行为的策略互促行为，合作博弈发生，产生多种均衡状态。切斯帕和维夫斯（2012）指出，若某个均衡状态下，价格既反映投资者平均信念又充分揭示资产价值的基本面信息，则该市场是有效的，反之，市场是无效的[①]。但现有结论发现，多个纳什均衡存在时，基本上每个均衡都不是有效的，市场要么收敛于哈耶克的价格传递资产基本面价值信息的状态，要么收敛于凯恩斯的价格反映投资者平均信念的状态。

本章中，第2.2节以衍生品市场为例，从套期保值交易者和市场流动性的交互影响机制角度探究多重均衡存在的微观机制。具体地，考虑市场存在套期保值交易者，期初持有风险资产，希望通过交易最大化个人效用。分别讨论资产真实价值为离散分布和连续分布的情形，分析套期保值者比例与市场流动性间的相互制约关系，从而论证市场多重均衡的存在性。目前，我国上交所开展的期权全真模拟交易采用的是竞价交易制度下引入竞争性做市商的混合交易制度。在竞价交易的基础上，做市商不断地向投资者报出买卖价格，并在相应价格上接受投资者的买卖需求。故该部分模型中共包含三类交易者，分别是套期保值者，知情交易者（投机者）和做市

---

① 此处关于市场有效的界定与有效市场假说有所差异。有效市场假说认为资产价格反映投资者交易情况等价于反映资产真实价值信息。但切斯帕（Cespa，2002）认为，资产价格是知情交易者、非知情交易者和噪声交易者等相互博弈的结果，由于部分投资者没有私人信息，故投资者博弈形成的价格与资产真实价值不等价。

商。交易中，套期保值者并不知道知情交易者提交的订单数量，做市商也无法知道收到的总订单分别来自哪一类交易者，这为知情交易者掩饰其信息优势提供了环境。在道琼斯（2004）的模型中，知情交易者必须要采取和套期保值者一样的策略，否则就会暴露私人信息，但这与市场规则不符。风险资产价格是做市商收到投资者总的订单流后作出的判断，而不是根据知情交易者和非知情交易者的比例进行定价。做市商无法判断市场中究竟哪些人是知情交易者，否则他会通过购买知情交易者信息而获得资产真实价值，从而直接为风险资产定价。为此，本部分首先介绍了道琼斯（2004）的工作；其次通过拓宽模型中风险资产价格取值、知情交易者交易策略等假设，分析其他因素对套期保值者交易策略的影响以及对市场多重均衡存在性的影响。

2.1.1 资产价值为离散型随机变量时的市场均衡

市场中假设存在一种风险资产和两类交易者。风险资产的真实价值为 v，v 仅有两种等可能的取值 $\{-1, 1\}$。交易者包含知情交易者和套期保值者，每个知情交易者可以观察到资产真实价值 v；套期保值者为损失厌恶型交易者，相对于等额的获利，套期保值者对损失更加敏感，获得利润时效用函数增加速率小于承受损失时的下降速率，用 $U(\pi) = \min(r\omega, \omega)(r>1)$ 表示套期保值者效用函数，ω 是套期保值者收益（$\omega>0$ 为获利，$\omega<0$ 为损失），r 为损失厌恶系数，损失厌恶程度越高，r 越大，交易者越希望通过交易进行套期保值。在套期保值者中，存在损失厌恶系数高的和损失厌恶系数底的交易者，假定套期保值者只存在两类，损失厌恶系数高的比例为 π_H；损失厌恶系数为 r_H；厌恶系数低的比例为 π_L；损失厌恶系数为 r_L；知情交易者比例为 π_S。

在均衡中买卖价差依赖于知情交易者和套期保值者的交易。价格无法反映信息时，知情交易者一定采取交易策略；套期保值者却不一定交易，他们交易风险资产，一方面可以对冲持有资产的风险；另一方面要承受由于买卖价差带来的流动性成本。假设套期保值者交易量为 t，知情交易者为隐藏身份，交易量也为 t。t 为 0 表示交易者退出交易市场，影响买卖价格，改变市场流动性。

令套期保值者初始持有 -1 单位风险资产（持有 1 单位风险资产与该情

况一样)，则初始资产为 $-v$。为套期保值，以价格 p 购买 t 单位资产，市场出清后投资者资产为 $t(v-p)-v$，v 为 -1 或 1，所以有两种可能：

(1) $v=-1$：效用为 $\min\{r[1-t(1+p)],1-t(1+p)\}$。

(2) $v=1$：效用为 $\min\{r[t(1-p)-1],[t(1-p)-1]\}$。

因此，套期保值者期望的效用为：

$$\frac{1}{2}\min\{r[1-t(1+p)],1-t(1+p)\}+\frac{1}{2}\min\{r[t(1-p)-1],[t(1-p)-1]\} \tag{2.1}$$

$t>\frac{1}{1+p}$时，效用函数的导数值小于0；$t\leqslant\frac{1}{1+p}$时，效用函数导数值为 $[r(1-p)-(1+p)]/2$。套期保值者若进行交易，需要使导数值大于0，即 $r\geqslant\frac{1+p}{1-p}$，最优交易量 $t=1/(1+p)$。

市场中均衡的买卖价格由知情交易者和套期保值者所占的比例决定，所有交易者都选择交易时，风险资产买价为 $p=\pi_S$，卖价为 $p=-\pi_S$，此时市场达到均衡状态，并且所有套期保值者损失厌恶系数 $r>\frac{1+p}{1-p}=\frac{1+\pi_S}{1-\pi_S}=r_0$（$r_0$ 为套期保值者是否交易的临界值)。当 $r_L<r_0$ 时，低损失厌恶系数的套期保值交易者不再对冲风险，此时交易者中知情交易者比例增大为$\frac{\pi_S}{\pi_S+\pi_H}$，市场中风险资产的买价 $p'=\frac{\pi_S}{\pi_S+\pi_H}>\pi_S$，$r_0'=\frac{2\pi_S+\pi_H}{\pi_H}>r_0$。若高损失厌恶系数的套期保值者的厌恶系数大于 r_0'，则市场处于均衡状态，否则他们也选择离开市场。

将交易者损失厌恶系数变为连续性变量，则处于交易状态的套期保值者的离开将增大 r_0，使更多处于交易状态的交易者选择离开市场，买卖价差增大，市场流动性降低。反之，当场外交易者进入市场进行交易时会降低 r_0，让更多场外交易者选择进入市场，买卖价差降低，市场流动性增高。

与真实市场交易相比，道琼斯（2004）模型中的假设过于苛刻。例如，将风险资产真实价值假设为 -1 和 1，知情交易者交易量与套期保值者交易量相同，做市商的定价仅与知情交易者和套期保值者的比例有关，假设套期保值者损失厌恶系数为离散的多种情况等。风险资产收益（真实价值）假设为 -1和 1，固定了资产的波动率，掩盖了资产真实价值的波动率对资产定价的影响。知情交易者和套期保值者的交易量相同的假设过于简单，无法分析知情交易者对套期保值者策略交易的影响。在实际中，由于信息不对称，知情交易者交易强度的变化不会影响套期保值者的交易量，因而不能简单地假设知情交易者的套期保值者的交易量相等。此外，做市商定价过程中并不知道知情交易者和套期保值者的真实比例，他们仅仅根据知情交易者和非知情交易者提交的总订单流来进行定价，因此，令做市商定价策略仅仅与知情交易者和套期保值者的比例有关是不恰当的。鉴于此，本书拓宽了资产真实价值的取值，并且引入知情交易者的交易策略，从而对道琼斯（2004）模型进行了改进。

2.1.2 资产价值为连续型随机变量时的市场交易分析

将上述模型中风险资产真实价值 v 拓展为服从均值为 p_0，方差为 σ_v^2 的正态分布，分布依据历史信息，均值 p_0 是公开信息。

投资者包含 k 个知情交易者和 m 个套期保值者。每个知情交易者可以观察到真实价值 v，据此制定交易量 $x=\beta(v-p_0)$，总交易量 $X=kx$，方差为 $k^2\beta^2\sigma_v^2$，β 表示知情交易者的交易强度。传统金融研究中，交易者只是价格的接受者，知道资产真实价值时会无限提高信息反应强度来增大自身利益。金融市场微观结构理论中认为，知情交易者交易强度的增大会披露更多的个人信息，做市商收到信息后调整资产价格，使资产价格无限接近其真实价值，降低个人收入，因而 β 不会无限变大，本部分中，β 为外生给定参数。市场中套期保值者仍然是风险厌恶型交易者，效用函数形式与资产价格为离散情况下一样。假设套期保值者都拥有初始资产，持有头寸相互独立服从均值为 0，方差相等的正态分布，并且无法观察到 v 的取值。每个参与交易的套保者的交易量与初始资产的比值都相等，令其交易量都服从均值为 0，方差为 σ_ε^2 的正态分布。则套期保值者总交易量 Y 也服从正态分布，均值为 0，方差为 $m\sigma_\varepsilon^2$。两类交易者总交易量 $Q=X+Y$，方差为 $\sigma_Q^2=m\sigma_\varepsilon^2+k^2\beta^2\sigma_v^2$。

做市商定价策略为 $p=E[v\mid Q]=p_0+\lambda Q$，套期保值者通过预期做市商的预期得到风险资产的买卖价格。风险资产买价是当预期交易量大于 0 时，做市商定价的预期值，$p^+=E[p\mid Q>0]$，卖价是当预期交易量小于 0 时，做市商定价的预期值，$p^- = E[p \mid Q<0]$。

交易只进行一期，在 $t=0$ 时所有交易者都知道资产历史价格 p_0，知情交易者和套期保值者根据 p_0 确定交易策略提交订单，做市商收集所有订单确定交易价格。$t=1$ 时刻，知情交易者和套期保值者提交的订单按做市商制定的价格进行交易，交易结束后进行资产清算。

2.1.3　套期保值者策略行为

2.1.3.1　资产价格

做市商定价策略 $p = p_0 + \lambda Q = p_0 + \frac{k\beta\sigma_v^2}{k^2\beta^2\sigma_v^2 + m\sigma_\varepsilon^2}Q$，即 $\lambda = \frac{k\beta\sigma_v^2}{k^2\beta^2\sigma_v^2 + m\sigma_\varepsilon^2}$。套期保值者对做市商定价策略进行预期，其预期价格为：

预期风险资产买价：$p^+ = p_0 + \lambda \int_0^{+\infty} Qf(Q)\,dQ/2 = p_0 + \lambda\sigma_Q \sqrt{2/\pi}$

预期风险资产卖价：$p^- = p_0 - \lambda \int_0^{+\infty} Qf(Q)\,dQ/2 = p_0 - \lambda\sigma_Q \sqrt{2/\pi}$

其中，$f(Q)$ 为总订单量的概率密度函数。

2.1.3.2　套期保值者收益

令套期保值者拥有 -1 单位风险资产，资产清算后收益为 $-(v-p_0)$。为规避风险，套期保值者预期以 p^+ 的价格买入 t（$0 \leqslant t \leqslant 1$）单位资产，收益为 $t(v-p^+)$。资产出清后套期保值者总收益为：

$$t(v-p^+) - (v-p_0) \tag{2.2}$$

2.1.3.3　套期保值者效用最大化

资产真实价值 v 服从均值为 p_0 的正态分布，则 $v-p_0$ 有 1/2 的概率等于 θ（$\theta > \lambda\sigma_Q \sqrt{2/\pi}$）（$\theta$ 表示套期保值者资产真实价值偏离历史价值的预期），有 1/2 的概率等于 $-\theta$。

当 $v-p_0=\theta$ 时，效用函数为：

$$\min\{r[t(\theta+p_0-p^+)-\theta],[t(\theta+p_0-p^+)-\theta]\} \tag{2.3}$$

当 $v-p_0=-\theta$ 时，效用函数为：

$$\min\{r[t(-\theta+p_0-p^+)+\theta],[t(-\theta+p_0-p^+)+\theta]\} \tag{2.4}$$

因此，总效用函数为：

$$U(t)=\frac{1}{2}\min\{r[t(\theta+p_0-p^+)-\theta],[t(\theta+p_0-p^+)-\theta]\}$$
$$+\frac{1}{2}\min\{r[t(-\theta+p_0-p^+)+\theta],[t(-\theta+p_0-p^+)+\theta]\} \tag{2.5}$$

风险资产买价比历史价格高出的部分记作 Δ，$\Delta=p^+-p_0=\lambda\sigma\sqrt{2/\pi}$。则效用函数为：

$$U(t)=\frac{1}{2}\min\{r[t(\theta-\Delta)-\theta],[t(\theta-\Delta)-\theta]\}$$
$$+\frac{1}{2}\min\{r[t(-\theta-\Delta)+\theta],[t(-\theta-\Delta)+\theta]\} \tag{2.6}$$

$t\in\left(\frac{\theta}{\theta+\Delta},1\right)$时，总效用函数 $U(t)=-\Delta rt$，随 t 增大而减小，$t\in\left(0,\frac{\theta}{\theta+\Delta}\right)$时，总效用函数为 $U(t)=\frac{1}{2}[(r\theta-r\Delta-\theta-\Delta)t-r\theta+\theta]$，其一阶导数为：$U'(t)=\frac{1}{2}(r\theta-r\Delta-\theta-\Delta)$。一阶导函数大于 0，则套期保值者最优交易量 $t=\frac{\theta}{\theta+\Delta}$，否则最优交易量为 0。

2.1.3.4 套期保值者交易条件

r_0 为交易者交易与否的临界值，$r_0=\frac{\theta+\Delta}{\theta-\Delta}$。市场中套期保值者损失厌恶程度 $r>r_0$ 时，效用函数的一阶导数大于 0，效用函数 U(t) 在 $t=\frac{\theta}{\theta+\Delta}$处取最大值，此时套期保值者为对冲风险选择交易风险资产。市场中套期保值者损失厌恶程度 $r<r_0$ 时，效用函数在 $t=0$ 处取得最大值。此时，套期保值者追求风险采取不交易策略。

2.2　市场多重均衡成因分析

2.2.1　交易者的预期自我实现与市场多重均衡

上一节在知情交易者为策略型交易者以及资产真实价值为连续性随机变量的情况下给出了套期保值者进入市场的条件和进入市场后最优交易量。其中部分结论与资产清算价值为离散类型的情况类似，均衡市场中，场外交易者进入场内引起套期保值者数量的增加，Δ 下降，市场中买卖价差减小，市场深度增加，r_0 下降并且使更多的套期保值者进入市场进行交易，直至所有交易者的损失厌恶系数大于 r_0 市场再次达到均衡；若原本交易的套期保值者离开市场，则套期保值者的数量下降，Δ 增加，市场中买卖价差变大，市场深度降低，r_0 上升并且使更多的套期保值者离开市场直至所有交易者的损失厌恶系数大于 r_0 市场再次达到均衡。因此，市场中存在多种均衡状态。

定理 2.1：市场中存在多种均衡状态：套期保值者多，知情交易者交易强度高，市场深度大，流动性高的均衡；套期保值者少，知情交易者交易强度低，市场深度大，流动性低的均衡。

证明：将 Δ 代入 r_0，得到：

$$r_0 = -1 + \frac{2\theta\sqrt{2\pi(k^2\beta^2\sigma_v^2 + m\sigma_\varepsilon^2)}}{\theta\sqrt{2\pi(k^2\beta^2\sigma_v^2 + m\sigma_\varepsilon^2)} - k\beta\sigma_v^2} \tag{2.7}$$

当市场中套保者的损失厌恶系数都大于 r_0 时，所有的套保者都参与交易，噪声交易量 Y 的方差最大，λ 减小，市场流动性最大；当部分套保者的损失厌恶系数 $r < r_0$ 或错误的估计自身损失厌恶系数离开交易市场后，市场中的套期保值者数量减小，即 m 减小，r_0 增大，使市场中损失厌恶系数原本高于 r_0 的交易者也选择离开市场，直到市场中所有套期保值者的 $r \geqslant r_0$ 时，市场再次达到平衡，此时，市场中套期保值交易者个数减少，λ 变大，市场深度变小，因而市场中存在多种状态均衡。证毕。

从定理 2.1 中可以看出，若一部分套期保值交易者错误地认为市场中的 r_0 大于自身损失厌恶系数而采取不交易策略时，会使得更多的套保者采取不交易策略，最终导致真实的 r_0 大于最初采取错误行为的套保者的损失厌恶系数。与此相同，如果市场中有套保者错误地认为市场中的 r_0 小于自身损失厌恶系数，那么最终 r_0 会小于这部分交易者的损失厌恶系数。这个过程称作预期自我实现过程。

定理 2.2：在市场均衡状态下，r_0 随知情交易者个数 k、交易强度 β、知情交易者和套保者比例 m/k 的增大（减小）而增大（减小）；r_0 增大（减小）后，参与交易的套期保值者个数减少（增加），市场流动性低降低（增加）。知情交易者和套保者数量同比例增加时，不影响市场流动性。

对 r_0 重新整理可以得到上述定理，定理 2.2 给出了市场中其他因素如何影响预期自我实现现象。知情交易者数量和交易强度的增加或者知情交易者和套保者比例增大时导致价格拥有更多的信息量，降低套期保值者持有资产的风险，因此，更多的套保者选择不交易。在知情交易者和套保者数量同比例增加时，知情交易者的信息被增加的套期保值者所隐藏，因而并没有影响市场流动性。

2.2.2 数值算例

图 2.1 给出了自我实现过程直观的表述。市场中存在 m 个损失厌恶系数不同的套期保值者，将套期保值者按损失厌恶系数从大到小排列，假设套期保值者初始风险厌恶系数与套期保值者存在线性函数关系，如图 2.1 的曲线 r_1，损失厌恶系数越高的交易者离原点越近，曲线 r_1 是将所有套期保值者的损失厌恶系数连接后得到。图 2.1（a）中的曲线 r_0 表示市场中的 r_0 随套期保值者数量的变化趋势。当套期保值者损失厌恶系数大于市场中的 r_0 时会进行交易，图 2.1 中 D 点左边的交易者损失厌恶系数均大于市场中的临界值 r_0，右边的交易者损失厌恶系数均小于市场中的临界值 r_0，因此，OD 所代表的套期保值者数量是市场均衡的数量。

在交易者中，假设 AB 代表 1 单位的噪声交易者数量，接下来分析他们由于某些原因离开市场的结果。将位于 B 点后面的交易者都向左移动直到 A 点，正如图中虚线所示。从图中可以看出，新的均衡点为 C 点，由于 r_0 的曲线向右下方倾斜，所以 CD 的长度大于 AB，因此，最初离开市场的套期保值者导致更多的交易者离开市场。

图 2.1（b）中初始的市场均衡仍为 D 点，假设 AB 表示的套期保值者离

开市场，同样将B点之后的交易者向左移至A点，市场中新的均衡点为A点。所以AB间的交易者离开市场使市场临界损失厌恶系数提高，使得原本在市场中参与交易的BD段交易者也离开市场。此外，从图2.1（b）中可以看出曲线 r_1 与曲线 r_0 有两个交点，说明了市场存在多重均衡的可能。

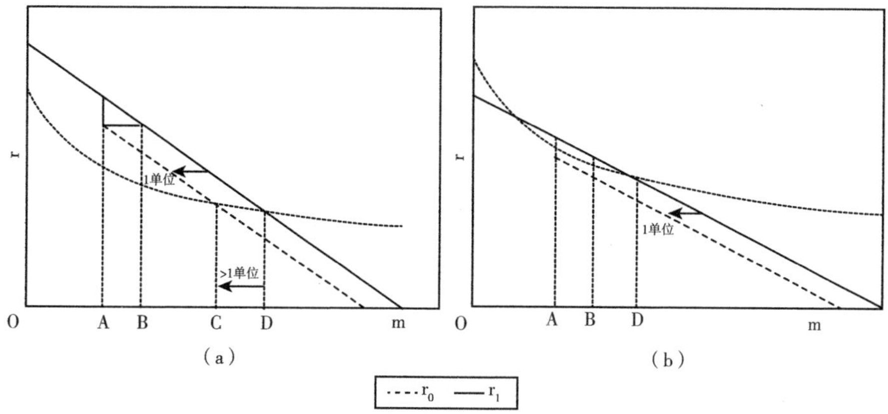

图2.1 套期保值者自我实现过程

定理2.2说明知情交易者数量k和对私人信息的反应程度β对 r_0 的影响方向一致。本章对 r_0 随知情交易者数量和对私人信息反应程度的变化趋势进行了仿真分析。仿真结果如图2.2所示，曲线离原点越远表明 r_0 的值越大。k不变时，随着β的增加，r_0 增加；β不变时，随着k的增加，r_0 增加。图2.2所示的结论与定理2.2是一致的。在其他变量不变的情况下，k和β的增加都使知情交易者总交易量增加，r_0 增加，一部分损失厌恶系数较小的套期保值者离开市场，导致市场深度减小，流动性降低。

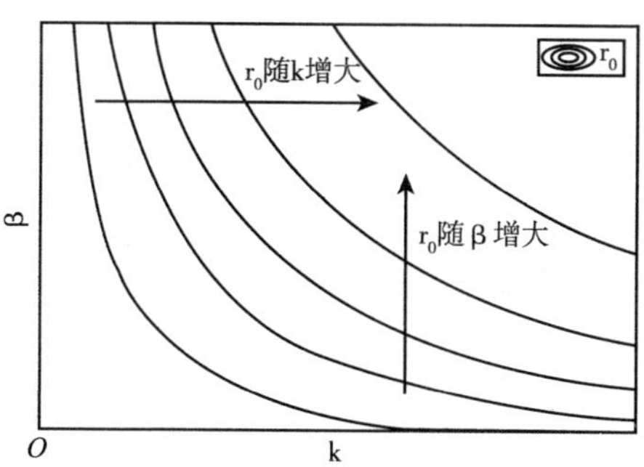

图2.2 r_0 随k和β变化的趋势

2.2.3 对套期保值交易者行为的讨论

上述模型从理性预期角度出发，结合已有的金融市场微观结构理论，构建了套期保值者交易的策略性模型，得出市场中存在多重均衡的可能。拥有初始风险资产的投资者由于损失厌恶系数的不同会采取不同的交易策略：损失厌恶程度高的交易者希望通过交易降低未来财富的风险程度；损失厌恶程度低的交易者在最大化个人效用时不采取交易策略。这说明市场中存在大量的损失厌恶系数高的交易者时，市场活动会异常活跃，表现为市场的长期繁荣；反之，市场处于低迷状态，甚至会趋于崩溃。这为利用理性预期模型解释市场的长期繁荣与崩溃提供了理论支持。

在对套期保值者交易策略建模过程中，本部分充分结合了道琼斯（2004）所做的工作，在道琼斯（2004）的基础上拓宽了模型假设，引入了知情交易者的策略性交易，并且将做市商定价策略一般化，其结论更适用于衍生品交易市场。

套期保值者交易策略存在预期自我实现现象。某个交易者采取不同的策略会引起市场发生一系列的变化。具体表现为交易者的积极交易会使得更多的套期保值者采取积极交易策略，从而增加市场深度，若交易者采取消极的交易策略，会使更多的人采取消极策略，降低市场深度。

市场均衡时，知情交易者数量或交易强度的增加提升市场中临界损失厌恶系数，一部分套期保值者由于临界损失厌恶系数的增加而不再交易，接下来会导致预期自我实现现象的发生，导致市场中更多的套期保值者离开市场。套期保值者损失厌恶程度发生变化后，市场中存在的套期保值者数量会发生改变，不过这不影响知情交易者的数量与交易强度。当套期保值者数量增多或者拥有资产的波动率变大时，市场深度增大。套期保值者损失厌恶系数的变化因素有多个方面，如对私人损失厌恶程度的错误估计、个人偏好的变化、收入的变化等。在政策方面，可以适当地夸大市场中存在的风险，使更多的人为规避损失而进行交易，以此增加市场深度，激活市场活力。

2.3 内幕信息泄露问题

证券交易中内幕交易或泄露内幕信息罪是中国《刑法》规定的破坏金融

管理秩序罪之一。内幕知情人是为在证券发行和交易中获利，故意在信息公开前买入（卖出）证券或泄露信息的投资者。虽然证监会已持续加大对内幕信息交易和泄露的追责力度，但上市公司信息泄露的事件屡禁不止。例如，中国证监会于2019年9月6日发布的两宗内幕交易案件中，发行股份、支付现金购买资产、募集配套资金、发行股份购买内资股股份等内幕信息被内幕知情人以不同的方式泄露给亲属、朋友，从而为内幕知情人和交易者带来巨额收益。苏冬蔚和彭松林（2019）研究上市公司内部人减持、年报、诉讼、分析师评级、停复牌以及高送转等重大公告前后卖空交易行为的变化发现，拥有信息优势的卖空者属知情交易者，他们拥有非常精确的择时交易能力，在重大利空公告前显著增加卖空量，在利好公告前则显著减少卖空头寸。他们的研究表明内幕信息披露前存在信息泄露现象。

欧文等（Irvine et al.，2006）通过实证指出，机构投资者总能在利好信息公开前五日采取大量买入策略。查姆雷（Chamley，2003）使用NASDAQ市场中670只降级股票的数据发现，股票降级结果公布前会有很多交易者提前出售股票。郝晴（Hao，2016）从股票回购信息发布的角度出发，采用日历数据研究交易者在回购信息发布前的收益，研究表明，股价的波动率在回购信息发布前变得非常高。奥马尔等（Omer et al.，2012）通过分析公司领导层居住区域内交易者的交易行为得出新信息向市场公开前确实发生了泄露现象。奥古斯丁等（Augustin et al.，2015）研究了公司并购消息公布前的内幕交易现象，发现收购方在股票期权交易中存在过度波动现象。上述实证说明内幕信息泄露在市场中普遍存在。

现有的内幕信息泄露研究中，很多学者以信息出售为焦点展开。在菲什曼和哈格蒂（Fishman and Hagerty，1995）、谢内尔和莱文（Cheynel and Levine，2012）的模型中，内幕交易者的收益来源于出售的信息。菲什曼和哈格蒂（1995）的模型指出，少量投资者基于内幕信息交易时，内幕信息价值最大；投资者面对激烈的信息交易时，内幕信息价值降低，出售信息反而能带来更高收益。谢内尔和莱文（2012）针对非基本面信息（短期供需信息）的出售展开分析，其研究表明，当分析师出售与资产基本面无关的需求信息时，基于非基本面信息的竞争增强，价格对净订单流变得更加敏感，使得非基本面信号的价格增强。此外，其他学者也从信息出售的角度分析内幕信息泄露现象，如切斯帕（2008）、加西亚和桑吉尔吉（Garcia and Sangiorgi，2011）等。

拥有内幕信息的交易者为何愿意泄露信息？信息泄露对均衡时的信息聚集效率、市场流动性有何影响？其他投资者行为发生什么变化？印地吉克等（Indjejikian et al.，2014）从内幕交易者动机角度出发，研究内幕交易者自愿泄露信息模型。在他们的信息模型中，内幕交易者以降低资产价值信息优势为代价以增强资产当期执行价格的信息优势，当后者效应大于前者时，内幕交易者将自愿向非知情交易者泄露信息。他们的模型以凯尔（1985）模型为基础，投资者在交易前提交交易量，做市商根据订单流制定均衡价格。因此，该模型仅适用于做市商市场。从交易机制来看，印地吉克等（2014）的研究针对含做市商的指令驱动市场，该市场中内幕交易者先行，非知情的做市商通过观察投资者的指令信息确定市场均衡价格。

本部分在所有投资者同时采取交易行动的背景下分析内幕交易者的信息泄露问题。投资者在提交需求订单时既能充分分析并利用价格信息，也能考虑自身交易行为对价格产生的影响（即不完全竞争市场）。与印地吉克等（2014）适用的交易机制不同，本书适用于无固定做市商的连续竞价交易市场。从模型结果上看，内幕交易者泄露信息后得到的额外收益是通过改变均衡时的流动性产生的，其收益来源于噪声交易者。

2.3.1 不完全竞争市场中的均衡

考虑资本市场中只存在一种价格为 p，清算价值为 v 的风险资产，其中 $v \sim N(0,\tau_v^{-1})$。市场中的交易者包含四种类型，分别是一个内幕交易者、N 个知情交易者、M 个非知情交易者和噪声交易者。交易发生前，内幕交易者收到资产清算价值的完全信息 v；知情交易者 i 收到资产清算价值的不完全信息 $s_i = v + \varepsilon_i$，其中，$s_i \mid v \sim N(v,\tau_\varepsilon^{-1})$；非知情交易者没有 v 的任何信息。内幕交易者、知情交易者和非知情交易者均为理性的风险中性交易者，且他们都能通过观察价格获取信息。噪声交易者仅为市场提供流动性，他们提交交易量为 u 的订单，$u \sim N(0,\tau_u^{-1})$。集合 $\{v, \varepsilon_i, u\}$ 中的随机变量均相互独立。

分别用 x_I、x_D 和 x_U 表示内幕交易者、知情交易者和非知情交易者提交的需求计划，且令它们都是交易者私人信息和市场价格的线性函数，因此交易者的需求计划可以表示如下：

$$x_I = a_I v - b_I p + c_I$$
$$x_{Di} = a_D s_i - b_D p + c_D \tag{2.8}$$
$$x_{Uj} = -b_U p + c_U$$

市场出清条件为：

$$x_I + \sum_{j=1}^{N} x_{Dj} + \sum_{j=1}^{M} x_{Uj} + u = 0 \tag{2.9}$$

在理性预期模型下，交易者了解均衡价格与私人信息之间关系的准确关系，他们通过预期价格获得更多的信息。基于理性预期的假设下，内幕交易者、知情交易者和非知情交易者的信息集分别为 $\{v, p\}$、$\{s_i, p\}$ 和 $\{p\}$。

交易者在资产出清时的收益分别用 π_I、π_{Di} 和 π_{Uj} 表示，则：

$$\pi_I = (v - p) x_I$$
$$\pi_{Di} = (v - p) x_{Di} \tag{2.10}$$
$$\pi_{Uj} = (v - p) x_{Uj}$$

内幕交易者、知情交易者和非知情交易者的决策分别是以下目标函数的最优解：

$$\max_{x_I} E[\pi_I \mid v, p]$$
$$\max_{x_D} E[\pi_D \mid s_i, p] \tag{2.11}$$
$$\max_{x_U} E[\pi_U \mid p]$$

为求得式（2.11）的最优解，我们将式（2.9）分别整理为：

$$p = \frac{x_I + a_D \sum_{j=1}^{N} s_j + Nc_D + Mc_U}{Nb_D + Mb_U}$$
$$p = \frac{x_{Di} + a_I v + a_D \sum_{j \neq i}^{N} s_j + c_I + (N-1)c_D + Mc_U}{b_I + (N-1)b_D + Mb_U} \tag{2.12}$$
$$p = \frac{x_{Ui} + a_I v + a_D \sum_{j=1}^{N} s_j + c_I + Nc_D + (M-1)c_U}{b_I + Nb_D + (M-1)b_U}$$

将式（2.10）和式（2.12）代入式（2.11）求解即得到定理2.3。

定理2.3：不完全竞争市场存在线性均衡，其中非知情交易者不进行交易，内幕交易者和知情交易者的交易策略分别为：

$$x_I^* = a_I(v-p)$$
$$x_{Di}^* = a_D(s_i - p) \tag{2.13}$$

均衡价格为：

$$p = v + \frac{1}{2N}\sum_{i=1}^{N}\varepsilon_i + \frac{u}{2a_I} \tag{2.14}$$

其中，$a_I = \sqrt{\frac{N(N-1)\tau_\varepsilon}{(3N-2)\tau_u}}$，$a_D = \sqrt{\frac{(N-1)\tau_\varepsilon}{N(3N-2)\tau_u}}$。

从 a_I 和 a_D 的表达式可以看出，内幕交易者对私人信息的反应强度与知情交易者人数呈正相关关系；知情交易者对私人信息的反应强度与知情交易者人数呈负相关关系。知情交易者信息中噪声为内幕交易者隐藏私人信息提供了便利条件，因此，拥有不完全信息的交易者越多，内幕交易者的交易强度越大。从知情交易者的角度来看，知情交易者人数的增加加剧了市场竞争程度，从而降低他们对私人信息的反应强度。非知情交易者不交易是因为均衡价格可以反映市场所有交易者的平均信息，交易者无法只通过价格获利。

均衡时价格信息含量 $Var[v|p]^{-1} = 4N(N-1)(4N-3)^{-1}\tau_\varepsilon$ 总是随知情交易者人数的增加而增加。说明均衡价格吸收了知情交易者拥有的私人信息。

内幕交易者、知情交易者和非知情交易者期望收益的最大值分别为：

$$E[E[\pi_I^* | v,p]] = \frac{1}{4a_I\tau_u} + \frac{a_D}{4\tau_\varepsilon}$$
$$E[E[\pi_{Di}^* | s_i,p]] = \frac{1}{4Na_I\tau_u} - \frac{a_D}{4N\tau_\varepsilon} \tag{2.15}$$
$$E[E[\pi_{Ui}^* | p]] = 0$$

其中，$\pi_I^* = (v-p)x_I^*$，$\pi_D^* = (v-p)x_{Di}^*$。从定理2.3和式（2.15）看出，内幕交易者最优的期望效用与知情交易者人数和信息精度都呈负相关关系。因此，内幕交易者可以通过向非知情交易者泄露不完全信息达到增加最优期望效用的目的。对非知情交易者而言，获取内幕交易者信息时的效用（正值）总是大于不获取信息时的效用（0），因此，他们总是乐意接受内幕交易者传播的不完全信息。

理性交易者（内幕交易者、知情交易者和非知情交易者）期望收益之和（$1/2a_I\tau_u$）等于噪声交易者的期望损失，从表达式看出，噪声交易者的期望损失与内幕交易者对私人信息反应强度成反比。

2.3.2 内幕交易者的信息泄露

一般而言，市场中总是存在无数的非知情交易者，内幕交易者为隐藏私人信息有动机向他们释放不完全信息且理性的非知情交易者乐于接受该信息。假设内幕交易者向M个非知情交易者传递信息，其中，第j个非知情交易者收到的信息 $y_j = v + \eta_j$，$\eta_j \sim N(0, \tau_\eta^{-1})$，$Cov(\eta_i, \eta_j) = 0$（$i \neq j$），提交的需求计划为：

$$x_{Uj} = a_U y_j - b_U p + c_U \tag{2.16}$$

内幕交易者和非知情交易者决策的目标函数分别为：

$$\begin{gathered}\max_{x_I} E[(v-p)x_I \mid v, y_1, y_2, \cdots, y_M, p] \\ \max_{x_{Ui}} E[(v-p)x_{Uj} \mid y_j, p]\end{gathered} \tag{2.17}$$

此时，根据式（2.9）可以将价格整理为：

$$\begin{aligned} p &= \frac{x_I + a_D\sum_{i=1}^{N}s_i + a_U\sum_{j=1}^{M}y_j + Nc_D + Mc_U}{Nb_D + Mb_U} \\ p &= \frac{x_{Di} + a_I v + a_D\sum_{j\neq i}^{N}s_j + a_U\sum_{j=1}^{M}y_j + c_I + (N-1)c_D + Mc_U}{b_I + (N-1)b_D + Mb_U} \\ p &= \frac{x_{Uj} + a_I v + a_D\sum_{i=1}^{N}s_i + a_U\sum_{i\neq j}^{M}y_i + c_I + Nc_D + (M-1)c_U}{b_I + Nb_D + (M-1)b_U} \end{aligned} \tag{2.18}$$

分别计算内幕交易者、知情交易者和非知情交易者的最优策略得到定理2.4。

定理2.4：内幕交易者向M个非知情交易者传递噪声相互独立的不完全信息时，市场总是存在均衡状态，内幕交易者、知情交易者和非知情交易者的交易策略分别为：

$$
\begin{aligned}
x_I^* &= a_I(v - p) \\
x_{Di}^* &= a_D(s_i - p) \\
x_{Uj}^* &= a_U(y_j - p)
\end{aligned}
\tag{2.19}
$$

均衡价格为：

$$
p = v + \frac{a_D}{2a_I}\sum_{i=1}^{N}\varepsilon_i + \frac{a_U}{2a_I}\sum_{i=1}^{M}\eta_i + \frac{u}{2a_I} \tag{2.20}
$$

其中，$\frac{\tau_\varepsilon a_U[4Na_D + (4M-3)a_U][(N-1)a_D + Ma_U]}{\tau_\eta a_D[(4N-3)a_D + 4Ma_U][Na_D + (M-1)a_U]} = 1$，$a_I = Na_D + Ma_U$，$\frac{a_U[2Na_D + (2M-1)a_U]^2}{Na_D + (M-1)a_U} = \frac{\tau_\eta}{\tau_u} + (M-1)a_U^2 + \frac{Na_D^2\tau_\eta}{\tau_\varepsilon}$。

从定理2.4中可以看出，虽然内幕交易者向非知情交易者泄露不完全信息，但他的需求计划中并不包含这些信息。而 a_I 总是与泄露信息精度和人数有关，说明内幕交易者期望收益的改变是通过影响对私人信息反应强度达到的。

与2.3.1节分析一致，非知情交易者获取信息后与内幕交易者和知情交易者采取相似的交易策略，相当于增加了市场中知情交易者人数。知情交易者和非知情交易者对私人信息的反应强度受两类交易人数、私人信息精度和噪声交易精度影响，其相互之间的关系如定理2.4所示。

内幕交易者向非知情交易者传播不完全信息的市场均衡下，三类交易者期望收益的最大值分别为：

$$
\begin{aligned}
E[E[\pi_I^* \mid v, y_1, \cdots, y_M, p]] &= \frac{1}{4a_I}\left(\frac{1}{\tau_u} + \frac{Na_D^2}{\tau_\varepsilon} + \frac{Ma_U^2}{\tau_\eta}\right) \\
E[E[\pi_{Di}^* \mid s_i, p]] &= \frac{a_D}{4a_I^2}\left(\frac{1}{\tau_u} + \frac{Na_D^2 - 2a_Ia_D}{\tau_\varepsilon} + \frac{Ma_U^2}{\tau_\eta}\right) \\
E[E[\pi_{Uj}^* \mid y_j, p]] &= \frac{a_U}{4a_I^2}\left(\frac{1}{\tau_u} + \frac{Na_D^2}{\tau_\varepsilon} + \frac{Ma_U^2 - 2a_Ia_U}{\tau_\eta}\right)
\end{aligned}
\tag{2.21}
$$

从式（2.21）看出，内幕交易者收益的期望值与传递信息的精度和传递的交易者人数有关系，因此，内幕交易者可以在交易开始前决定传递信息的精度和传递的人数。考虑到计算的复杂性，本章采用数值分析研究内幕交易者理性泄露信息的行为。

2.4　不同市场环境下的信息泄露策略

2.4.1　存在唯一信息接收者时的内幕交易者策略

内幕交易者向非知情交易者传播的信息精度与知情交易者信息精度相等时，相当于增加了市场中知情交易者人数，此时内幕交易者期望收益一定减小。为获得更高收益，内幕交易者有动机在信息中融入更多的噪声，为研究内幕交易者泄露信息精度对交易者效用的影响，本节将收到内幕交易者信息的非知情交易者人数固定（假设为 1），其他参数分别为：$N=20$，$\tau_u=1$，$\tau_\varepsilon=5$，$\tau_\eta\in[0, 5]$。

从式（2.21）看出，内幕交易者、知情交易者和非知情交易者效用之和为 $1/2a_I\tau_u$，等于噪声交易者的期望损失，即理性交易者的收益来自噪声交易者的损失。图 2.3 为不同类型交易者对私人信息反应强度与泄露信息精度之间的关系。从图中看出，内幕交易者对私人信息反应强度与泄露信息精度呈正比例关系，泄露的信息越不精确，理性交易者收益之和越高。另外，内幕交易者泄露信息精度越低，知情交易者对私人信息反应强度越低，非知情交易者对私人信息反应强度越高。当泄露信息精度等于知情交易者私人信息精度时 a_D 和 a_U 相等，相当于增加了知情交易者人数。

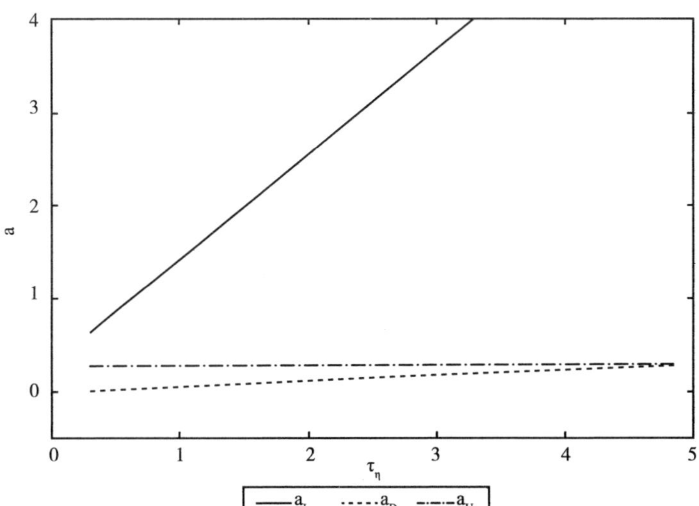

图 2.3　a_I、a_D、a_U 和 τ_η 的关系

图 2. 4 为不同类型交易者期望收益与内幕交易者泄露信息精度的关系，其中，实线和点画线分别表示内幕交易者和非知情交易者的期望收益，虚线表示所有知情交易者期望收益之和。从图中看出，泄露信息精度增加时，内幕交易者和知情交易者的期望收益也增加，非知情交易者的期望收益先增加后降低。

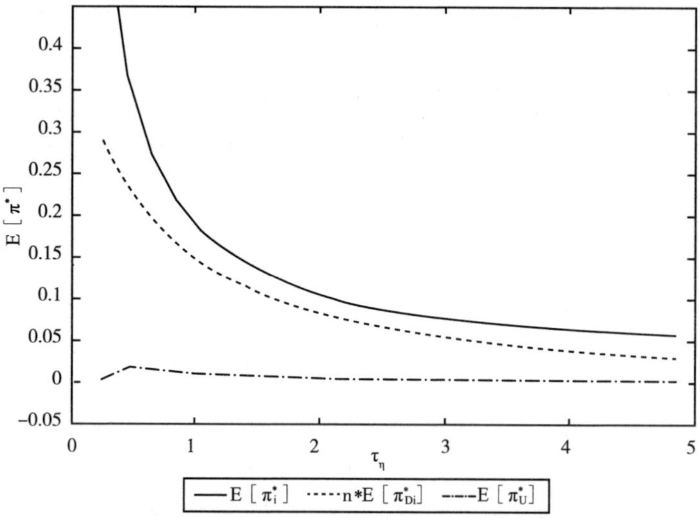

图 2. 4　不同类型交易者期望收益与 τ_η 的关系

在式（2. 21）中，理性交易者的收益中都含有噪声交易者的损失。结合泄露信息精度低将降低交易者对私人信息反应强度的事实可以得出内幕交易者通过泄露信息获利的内在机理，如图 2. 5 所示。

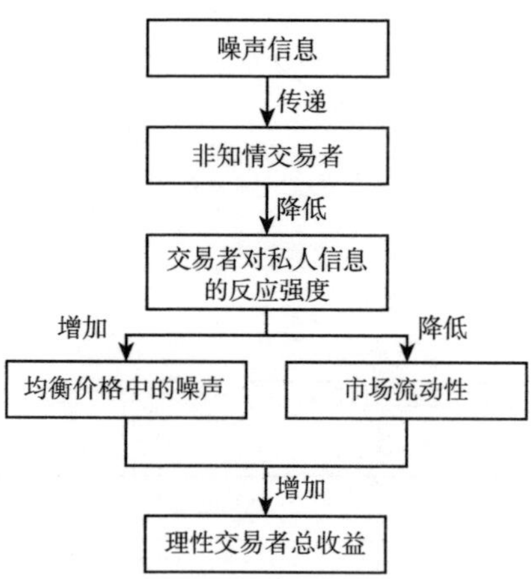

图 2. 5　内幕交易者通过泄露信息获利机理

内幕交易者收益组成中同时包含知情交易者和非知情交易者由于信息不完全而产生的损失。图2.6表示不完全信息导致知情交易者和非知情交易者产生的损失，即内幕交易者收益中来自这两类交易者损失的部分。实线为所有知情交易者的损失之和，虚线为非知情交易者的损失。从图中可以看出，内幕交易者泄露的信息精度越低，知情交易者的损失越小。该现象可以解释为市场中噪声的增加使知情交易者的信息优势增强，削弱了不完全信息导致的损失。此外，内幕交易者泄露的信息精度越低，非知情交易者的损失越大。若该损失大于非知情交易者从噪声交易者行为中获得的收益，则非知情交易者将不再交易。

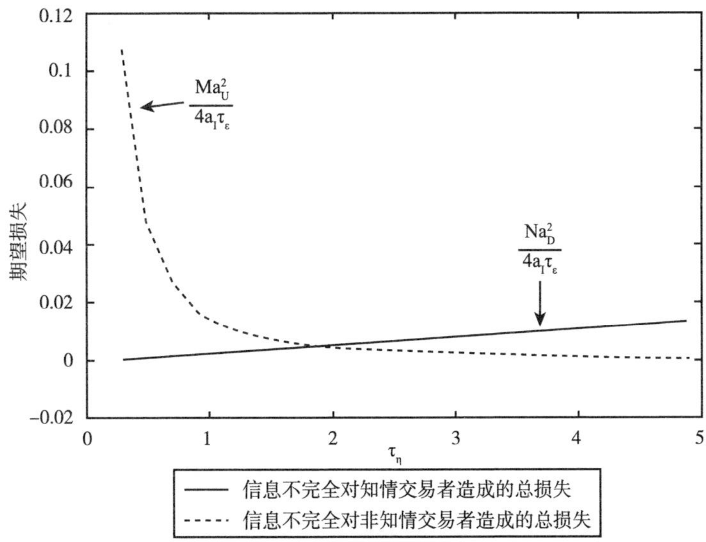

图2.6 知情交易者和非知情交易者的期望损失与 τ_η 的关系

根据本节分析得出，内幕交易者为获得更高的收益将向非知情交易者泄露精度非常低的信息，所有理性交易者的期望收益都增加，噪声交易者的期望收益降低。同时，不完全信息使知情交易者蒙受的损失也将减小。

2.4.2 内幕交易者释放不精确信息下的信息泄露

从2.4.1节看出，内幕交易者只会向非知情交易者泄露不完全的信息，且信息精度总是小于知情交易者信息精度。本节讨论 $\tau_\eta < \tau_\varepsilon$ 下内幕交易者如何理性地选择信息传递人数。本节中参数设定分别为：$N = 10$，$\tau_u = 1$，$\tau_\varepsilon =$

5，$\tau_\eta=2$，$M\in\{1,2,3,\cdots,20\}$。

图 2.7 中实线为 a_I 与接收泄露信息人数之间的关系，它随 M 的增加而增加。根据市场流动性和噪声交易者的期望损失与 a_I 的关系可知，内幕交易者向更多非知情交易者传递信息将增加市场流动性，降低噪声交易者的期望损失。虚线表示所有知情交易者对私人信息反应强度之和，它与 M 呈负相关关系，即内幕交易者将噪声信息泄露给更多非知情交易者降低了知情交易者的信息优势。点划线表示所有接收信息的非知情交易者对私人信息的反应强度之和，它与 M 呈正相关关系。此外，从仿真数据可以看出，M 的增加会使 a_D 和 a_U 略微减小。

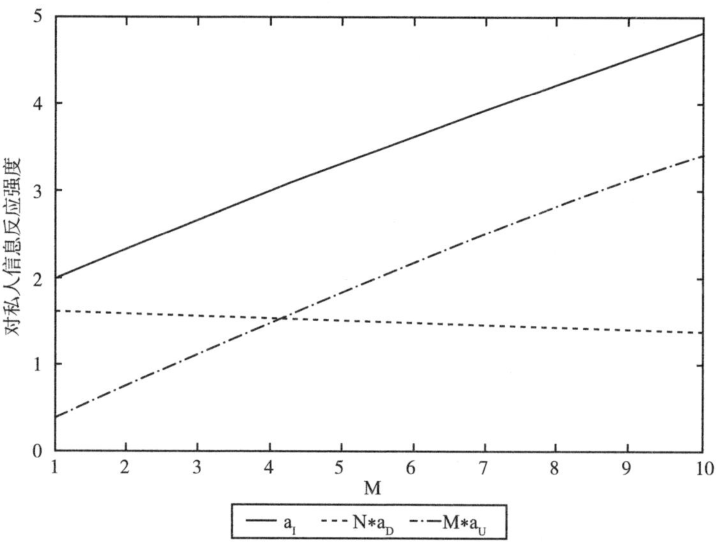

图 2.7　交易者对私人信息反应强度与 M 的关系

结合定理 2.4 和图 2.7 可知，非知情交易者人数增加时，市场流动性增加，噪声交易者期望损失减少，即理性交易者期望收益减少。图 2.8 显示了不同类型交易者期望收益与非知情交易者人数的关系，从图中可以看出，内幕交易者、知情交易者和非知情交易者的期望收益总是随非知情交易者人数的增加而减小。因此，理性的内幕交易者总是会选择向少数的非知情交易者泄露信息。非知情交易者人数足够多时，他们的期望收益将小于 0，此时，内幕交易者将信息泄露给很多非知情交易者并不会使他们都基于泄露信息进行交易。

图 2.9 表示随接收泄露信息人数的增加，内幕交易者收益中来自知情交易者和非知情交易者部分的变化：实线和虚线分别代表知情交易者和非知情交易者由于不完全信息造成的总损失。从图中可以看出，内幕交易者向更多

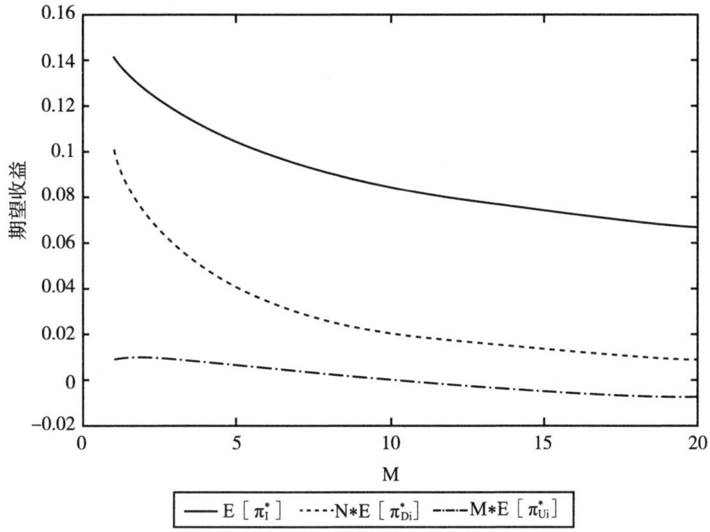

图 2.8　不同类型交易者期望收益与 M 的关系

非知情交易者泄露信息会降低知情交易者整体的期望损失，增加非知情交易者的整体损失。

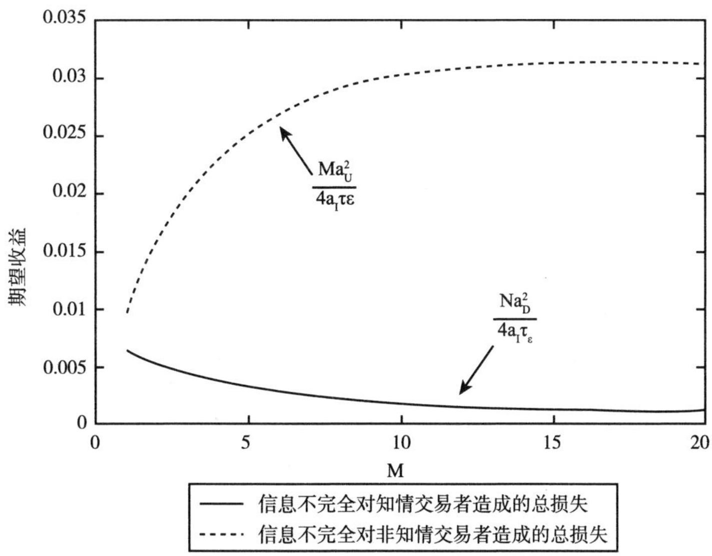

图 2.9　知情交易者和非知情交易者的期望损失与 M 的关系

根据本节内容得出，内幕交易者向更多的非知情交易者泄露信息会增加市场流动性，降低所有理性交易者的期望收益。当收到泄露信息的非知情交易者人数足够多时，他们的期望收益小于零，此时，总有部分非知情交易者不再基于此信息进行交易。总之，理性的内幕交易者会选择向少部分非知情交易者泄露信息，降低市场流动性，增加期望收益。

2.4.3 信息泄露行为总结

在不完全竞争市场中，由于市场价格反映了所有交易者的平均信息，所以非知情交易者无法通过价格中的信息获利，为内幕交易者通过泄露信息获利提供了可能。

不存在信息泄露时，随知情交易者人数的增加，市场竞争程度加强，市场流动性增加，知情交易者对私人信息反应强度降低，此时他们获得的来自噪声交易者的收益和由于信息不完全导致的损失都将降低。内幕交易者对私人信息反应强度是知情交易者反应强度之和，随人数的增加而增加，而期望收益却随知情交易者人数的增加而降低。此外，内幕交易者的期望收益与知情交易者私人信息精度负相关。

为获得更多收益，内幕交易者有动机向非知情交易者泄露不完全信息。若泄露信息精度等于知情交易者私人信息精度，则相当于增加市场中知情交易者人数，内幕交易者的期望收益降低。若向更多非知情交易者泄露信息，则内幕交易者泄露的平均信息精度总是会大于知情交易者信息精度，收益下降。因此，理性的内幕交易者总是向少部分非知情交易者泄露低精度的信息。

2.5 本章小结

本章从套期保值和内幕信息泄露角度分析了不完全竞争市场中投资者交易行为对价格形成的影响，其中，套期保值者和内幕交易者是价格的影响者，均可看作大型机构投资者。从模型中可以看出，内幕交易比例越高，套期保值面临的逆向选择风险越大，故投资者的套期保值需求与内幕交易成反比。部分套期保值者若放弃套期保值交易，则导致内幕交易比例增加，进一步增加其他套期保值者面临的风险，使套期保值交易者进一步减少。对内幕交易者而言，尽管泄露资产清算价值信息会降低关于资产清算价值的信息，但这却有利于他准确掌握资产的交易价格。当后者带来的效用高于前者时，内幕交易者有动机自愿地泄露资产清算价值信息。内幕信息泄露导致市场中知情交易者增加，使套期保值者（或噪声交易者）面临的逆向选择风险增加。虽然内幕信息泄露有利于改善市场的信息效率，但由于增加了逆向选择风险，导致套期保值者（或噪声交易者）的期望损失增加，因此，该行为可能会对套期保值者（或噪声交易者）产生挤出效应。套期保值者和内幕交易者行为的综合影响降低了市场的稳定性，很小的外生冲击可能引发羊群效应，造成市场流动性的急速降低。

第3章　完全竞争市场中的信息和均衡

完全竞争市场中存在大量的交易者，相对于整个市场而言，每个交易者的影响微不足道，他们都是价格的接受者。交易者在不同市场机制下基于公开信息和私人信息制定交易策略，提交私人需求订单，满足供需平衡条件下形成价格。聚集了公开信息和私人信息的价格进一步为交易者更新信念提供新信息，使交易者调整原投资策略。这种价格聚集信息与传递信息间的反馈效应也可能形成合作博弈现象，造成交易者行为一致的现象。本章从两个方面展开研究，一方面从投资期限角度分析均衡时的信息聚集效率、均衡唯一性和市场流动性等；另一方面从关联资产的角度探究价格联动的内在机制。

3.1　动态交易中的信息学习与投资者行为

静态信息模型中，投资者基于私人信息和对市场价格的预期更新风险资产清算价值的信念，但这并不是投资者制定交易策略的唯一方式。例如，投资者长期存在于市场，对资产清算价值信息的获取是动态过程，同时，通过观察历史价格，某个投资者能获取其他人的平均行为。那么，由理性投资者构成的市场中，市场能否收敛到理性预期均衡？均衡状态的价格对私人信息的反映程度如何？私人信息以多快的速度融入价格？

在凯尔（1985）的动态模型中，市场存在一个收到完全信息的内幕交易者，研究发现内幕交易者为保持信息优势而选择慢速交易，信息以固定的速率融入价格。随后霍尔顿和苏伯拉曼（Holden and Subrahmanyam，1992）将内幕交易者拓展为多个竞争性的交易者，内幕交易者的增加提高了市场的竞争程度，导致每个内幕交易者加强对私人信息的反应强度，结果是私人信息融入价格的速度变得更快。如果内幕交易者是风险厌恶型的，那么他们为规避未来价格的不确定性会选择尽早交易，结果加速了私人信息的揭示速度，增加市场深度。福斯特和维斯瓦纳坦（Foster and Viswanathan，1996）将对称的不完全信息引入投资者的信息集，这些信息中的噪声部分存在相关性。他们模型的结果显示，私人信息的相关性越高（低），价格揭示私人信息的速度越快（慢），这是因为内幕交易者的信息越相似，他们的竞争越激烈，从而使更多的私人信息融入均衡价格。随着交易的进行，私人信息的条件相关性（以历史价格信息为条件）逐渐降低。在这些模型中，噪声交易者必须存在，否则模型存在 Grossman-Stiglitz 悖论，这也意味着价格无法完全揭示资产的清算价值（即使投资者私人信息的平均值收敛于资产清算价值）。

本部分在完全竞争市场中引入信息偏差交易者，通过分析其交易行为，证明该类投资者为潜在噪声交易者。通常来说，对私人信息认知存在偏差的投资者大量存在于金融市场交易中。王力纬（2019）指出，"知识的诅咒"是造成认知偏差的一个原因，它是指当一个人与其他人交流时，不知不觉地认为其他人有（他自己已经具有的）背景知识。金融市场中，当某只股票的历史价格持续上涨时，即使投资者收到该上市公司的极坏信息，他也不会认为此股票价格会发生大幅度下降。由于大量投资者存在于市场中且每个投资者的认知偏差是随机的，故市场对资产清算价值的整体认知偏差也是随机的。拉希和齐格朗（Rahi and Zigrand，2018）指出，出于不同原因（流动性需求、投资机会或监管限制等），投资者对资产价值的评估具有异质性。他们认为对资产价值评估的不同是投资者个人偏好和初始禀赋冲击不同的体现，也与行为金融中投资者认可资产价值具有不同分布的观点（agree to disagree）一致。具有认知偏差的投资者通常对偏差自我肯定（biased self-attribution），同时对信息精度过度自信。欧狄安（1999）分析投资者账户数据发现，过度自信普遍存在于证券交易中，造成市场的过度交易。

与单期的理性预期均衡模型相比，动态理性预期均衡模型更复杂，但能更好地刻画羊群行为的形成过程、投资者交易期限对市场均衡的影响、信息融入市场速度、价格的过度波动、技术分析是否合理等问题。巴内吉（Banerjee，1992）在序贯博弈中研究均衡的有效性，其指出，不完全的信息使每个投资者希望尽可能地通过分析其他投资者行为而掌握更多信息，离散行为空间背景下的结果是摒弃私人信息、跟随他人交易，造成均衡的信息无效。动态模型中，交易期限对投资者决策具有重要影响。维夫斯（1995）研究了T期的动态市场交易过程，认为长期投资者的利润函数为当期直至资产清算时利润总额，短期投资者的利润函数为当期建仓、下期平仓所带来的利润。市场由风险中性做市商定价时，市场是半强有效的，价格遵从鞅过程，投资者无法通过技术分析获利。他的模型证明，与长期交易者相比，由于短期交易者承担了更多的价格风险，因而对基本面价值信息的反应强度更弱，此时价格对资产基本面的反应程度取决于信息是集中到达还是分散到达。切斯帕（2002）进一步将做市商扩展为风险厌恶类型，发现风险规避的做市商要求为承担风险而得到额外收益，造成多重均衡：低交易强度均衡和高交易强度均衡。前者的投资者面临高收益波动性，价格信息含量低；后者的投资者面临低收益波动性，价格信息含量高。陈等（Chen et al.，2014）在动态理性预期模型中引入公开信息，他们发现，若短期交易者的私人信息精度不对称且公开信息精度比较低，则市场存在多重线性均衡。

短期交易者一般在资产清算价值实现前就完成平仓，由于平仓利润只与下一期均衡价格有关，与资产清算价值无关，故短期投资者更关心短期信息（对下一期价格产生影响的信息）而不是资产清算价值，同时意味着投资者更想了解其他人的信息。维夫斯（2008）指出，短视行为可能带来投资者在信息获取或交易决策上的策略互促（Strategic complementarities）现象，正如凯恩斯的选美竞猜理论一样。弗鲁特等（Froot et al.，1992）在四期交易模型中分析了短期交易如何造成策略互促：所有投资者在第三期必须平仓，资产清算价值由不相关的两个基本面组成，每个投资者必须决定获取部分基本面的信息，当资产价值在第三期清算的概率较低时，投资者在信息获取方面存在互促性——所有投资者倾向于获取同一基本面信息，戈德斯坦和杨立岩（Goldstein and Yang，2015）也得到类似的结论。陈旗等（2010）选取美国共同基金交易数据分析发现，共同基金的赎回行为存在策略互促性，当差的历史业绩使部分投资者回购基金份额时，其他投资者会采取相同策略，基金流动性差时这种行为表现得更显著。

本部分将信息偏差交易者引入动态理性预期模型，分析噪声交易内生决定下的信息聚集效率和市场均衡特征，并讨论该背景下短期交易行为的影响。结果显示，在完全竞争市场中，投资者对信息认知的偏差和投资者的短期交易行为的综合影响导致多重均衡的发生，市场要么收敛到高信息聚集效率的状态（优均衡状态），要么收敛到底信息聚集效率的状态（劣均衡状态）。

3.2　含信息偏差交易者的基准模型

考虑一期市场模型，市场中只存在一种真实价值为 v 的风险资产，其中 $v \sim N(\bar{v}, \tau_v^{-1})$，期初资产的价格 $p_0 = \bar{v}$，交易完成后资产以真实价值出清。交易者有三种类型，分别是知情交易者、信息偏差交易者和风险中性的做市商。知情交易者和信息偏差交易者均为长期风险厌恶的连续统型投资者，通过购买风险资产获得预期收益 π，$\pi = (v - p)Vol$，Vol 表示交易者当期的交易量。交易者的效用函数为常系数风险厌恶（CARA）型 $U(\pi) = -\exp(-\rho\pi)$，ρ 为风险厌恶系数。知情交易者比例为 α，信息偏差交易者比例为 $1-\alpha$。每期交易前，知情交易者和信息偏差交易者都收到关于风险资产真实价值的信息，知情交易者收到私人信息 $s_i = v + \varepsilon_i$，$\varepsilon_i \sim N(0, \tau_\varepsilon^{-1})$，平均信息 $\frac{1}{\alpha}\int_0^\alpha s_i di$ 几乎处处等于 v（即 $\frac{1}{\alpha}\int_0^\alpha \varepsilon_i di = 0$）；信息偏差交易者收到私人信息 $t_i = v + u + \varphi_i$，$u \sim N(0, \tau_u^{-1})$，$\varphi_i \sim N(0, \tau_\varphi^{-1})$，平均信息 $\frac{1}{1-\alpha}\int_\alpha^1 t_i di$ 几乎处处等于 $v + u$，u 表示所有信息偏差交易者平均信息对资产真实价值的偏离。所有交易者根据私人信息提交关于价格的线性需求计划，知情交易者的需求计划记为 $X_i = \beta s_i - g(p)$，β 为知情交易者交易强度，信息偏差交易者的需求计划记为 $Y_i = \gamma t_i - h(p)$，γ 为信息偏差交易者交易强度，两类交易者总的需求计划记为 $L(\cdot) = \int_0^\alpha X_i di + \int_\alpha^1 Y_i di$。交易者只知道自己的需求计划，不知道其他人的需求计划，做市商收到总的需求计划并据此给出风险资产的价格 $p = E[v \mid L(\cdot)]$，但是做市商并不知道每个交易者的需求计划。上述假设中所有的随机变量都相互独立。

两类交易者差别体现在收到的信息是否含有偏差。知情交易者的私人信息与现有文献中的假设一样，信息偏差交易者的私人信息与知情交易者的差别为噪声 u，其产生原因有两个方面：交易者过度自信或投资者的认知偏差。

欧狄安（1999）的实证研究指出，过度自信的投资者会高估私人信息精度。上述假设中，信息偏差交易者收到的私人信息中 $u+\varphi_i$ 为噪声信息部分，方差为 $\tau_u^{-1}+\tau_\varphi^{-1}$，若他们认为 u 是资产清算价值的组成部分，则相当于高估了私人信息的精度。欧狄安（1999）发现源于自我归因导致的过度自信会导致投资者交易过多，信息越多投资者的交易越多，遭受的损失越严重；更进一步，投资者不仅会有高估信息精度的倾向（分布的二阶矩），还会系统地偏离和曲解信息的方向（分布的一阶矩）。谭松涛和王亚平（2006）对证券交易的 16577 个账户数据进行实证分析，发现投资者存在过度交易行为，认为投资者存在过度自信现象。李心丹等（2002）、高雷（2007）也进行了类似的研究，实证结果都支持欧狄安（1999）的上述结论。韩冰和杨立岩（Han and Yang，2013）分析社交网络中信息获取过程，指出知情交易者在社交网络环中会共享自己的信息，但是网络中非知情交易者的平均信息等于知情交易者信息（含有噪声的信息），而不等于资产真实价值。信息从知情交易者到非知情交易者传播过程中会整体引入噪声，导致交易者平均信息偏离资产真实价值。基于以上理论，本章提出假设：信息偏差交易者收到私人信息为 $t_i=v+u+\varphi_i$。

评论：信息偏差交易者更新信念时是根据私人信息对 $v+u$ 进行预期，而不对 v 进行预期。

当信息偏差交易者预期 v 时，推导其交易策略将得到矛盾的结果。而令他们对 $v+u$ 预期则完全符合现有文献的观点和结论。韩冰和杨立岩（2013）指出信息偏差交易者实际信息精度小于交易者认为的信息精度：信息偏差交易者对 v 预期，则实际私人信息精度为 $(\tau_u^{-1}+\tau_\varphi^{-1})^{-1}$，小于交易者认为的私人信息精度 τ_φ。这和知情交易者共享自己信号的一部分，社交网络中的其他交易者充分信任知情交易者的现状吻合。欧狄安（1999）等国内外学者研究的交易者过度自信现象可以由评论 3.1 解释，交易者过度自信是因为没有意识到其私人信号具有偏差，并且他们一旦意识到私人信息含有偏差，则会剔除偏差成为知情交易者。评论 3.1 是推导信息偏差交易者交易策略的基础。

知情交易者与做市商对资产真实价值 v 进行预期，认为市场价格为 $p=E[v|L(\cdot)]$，市场定价由做市商完成，所以当期价格仍为 $p=E[v|L(\cdot)]$；信息偏差交易者对 $v+u$ 预期，认为市场价格和资产真实价值分别为 $p'=E[v+u|L(\cdot)]$ 和 $v+u$。每个知情交易者收益 $\pi_I=(v-p)x_i$，根据信息集

$\{s_i,\ p\}$ 最大化 CARA 型效用函数 $E[U(\pi_I)\mid s_i,p]$ 等价于最大化 $E[\pi_i\mid s_i,p]-\rho Var[\pi_i\mid s_i,p]/2$，所以知情交易者最优的策略为：

$$x_i=\frac{E[v-p\mid s_i,p]}{\rho Var[v-p\mid s_i,p]} \tag{3.1}$$

信息偏差交易者采取类似的交易策略，其预期的收益变为 $\pi_C=(v+u-p')y_i$，根据信息集 $\{t_i,\ p\}$ 最大化效用函数 $E[U(\pi_C)\mid t_i,p]$，得到信息偏差交易者最优策略为：

$$y_i=\frac{E[v+u-p'\mid t_i,p']}{\rho Var[v+u-p'\mid t_i,p']} \tag{3.2}$$

引理 3.1：令 $Z=(z_1,z_2,z_3)'\sim N[(\bar{z}_1,\bar{z}_2,\bar{z}_3),\sum]$，$\sum$ 是方差—协方差矩阵，则：

$$E[z_1\mid z_2,z_3]=E[z_1\mid z_2]+\frac{Cov[z_1,z_3\mid z_2]}{Var[z_3\mid z_2]}(z_3-E[z_3\mid z_2])$$

和
$$Var[z_1\mid z_2,z_3]=Var[z_1\mid z_2]-\frac{Cov^2[z_1,z_3\mid z_2]}{Var[z_3\mid z_2]}$$

由上述引理可求得两类投资的最优交易策略和市场均衡价格，如定理 3.1 所示。

定理 3.1：在单期模型中存在唯一的线性均衡，知情交易者和信息偏差交易者的交易策略分别为：

$$X(s_i,p)=\beta(s_i-p) \tag{3.3}$$

$$Y(t_i,p)=\gamma(t_i-p) \tag{3.4}$$

其中，$\beta=\rho^{-1}\tau_\varepsilon$，$\gamma=\rho^{-1}\tau_\varphi$。均衡时的价格为：

$$p=\lambda z+(1-\lambda k)\bar{v} \tag{3.5}$$

其中，$\lambda=k\tau_u/(1-\alpha)^2\gamma^2\tau, k=\alpha\beta+(1-\alpha)\gamma, \tau=\tau_v+\left[1+\frac{\alpha\tau_\varepsilon}{(1-\alpha)\tau_\varphi}\right]^2\tau_u, z=kv+(1-\alpha)\gamma u$。

证明：交易者总的订单流 $L(p)=\int_0^\alpha X_i di+\int_\alpha^1 Y_i di=z-g(p)-h(p)$，它是价格的线性函数，所以当期价格为 $p=E[v\mid L(\cdot)]=\lambda z+(1-\lambda k)\bar{v}$。

维夫斯（1995）论证了 $p=E[v|p]=E[v|z]$，说明 z 是 p 的充分统计量。式（3.1）中 $E[v-p|s_i,p]=E[v|s_i,z]-p$。根据引理 3.1 可知，$E[v|s_i,z]=E[v|z]+Cov[v,s_i|z]Var[s_i|z]^{-1}(s_i-E[s_i|z])$，代入价格的表达式得到 $E[v|s_i,z]=p+\tau(\tau+\tau_\varepsilon)^{-1}(s_i-p)$，所以 $E[v-p|s_i,p]=\tau(\tau+\tau_\varepsilon)^{-1}(s_i-p)$。条件方差 $Var[v-p|s_i,p]=Var[v|s_i,z]$，根据引理 3.1 得到 $Var[v-p|s_i,p]=\tau\tau_\varepsilon(\tau+\tau_\varepsilon)^{-1}$，从而得到定理 3.1 中知情交易者的交易策略。

信息偏差交易者交易策略与知情交易者交易策略证明类似，其不同之处在于对资产真实价值的认知不同。信息偏差交易者认为真实价值为 $v+u$，并且认为做市商定价时也是对 $v+u$ 估计得出。

证毕。

知情交易者和信息偏差交易者的需求计划不受交易者比例的影响，只与每个交易者的风险厌恶系数、信息精度和信息大小有关。不同类型交易者的交易强度都与自身风险厌恶系数成反比，与信息的精度成正比。做市商收到总需求计划是关于价格的线性函数，截距项 z 为做市商从总体交易者行为中过滤出来的包含在当期价格中的新信息。τ 表示融入新信息后价格的精度或信息含量，它与资产真实价值的精度、信息偏差精度和两种交易者所占比例等因素有关。λ 为市场深度的倒数。

τ 是市场价格已知条件下，对资产真实价值精度的估计，$\tau=(Var[v|p])^{-1}$。τ 越大，市场价格中包含的资产真实价值的信息越多。从表达式中很容易得出，价格的信息含量与资产真实价值的精度、信息偏差的精度正相关。推论 3.1 给出了价格的信息含量与知情交易者和信息偏差交易者比例的关系。

推论 3.1： 价格的信息含量随知情交易者比例 α 的增加而增加，$\alpha=0$ 时，市场价格精度最小，$\tau=\tau_v+\tau_u$；$\alpha=1$ 时，市场价格精度趋近于无穷，均衡为完全显性均衡，价格与资产真实价值相等。

知情交易者的比例为 0 时，市场价格为 $p=(\tau_v+\tau_u)^{-1}[\tau_v\bar{v}+\tau_u(v+u)]$，是资产价值的平均值与所有信息偏差交易者信息和的加权值，信息偏差交易者信息权重为信息偏差的精度；交易者全部为知情交易者时，做市商收到订单流中的新信息不包含信息偏差 u，从而可以推出 v，并将此定为当期价格。根据知情交易者的交易策略得出单个交易者交易量为 $\tau_\varepsilon\varepsilon_i/\rho$，总交易量为 0。知情交易者的收益或损失源于私人信息与资产真实价值的偏差。

3.3 长期投资行为下的多期均衡分析

单期模型描述了一期市场中交易策略与均衡价格，本部分将单期模型的交易期限扩展为多期，研究在动态过程中交易者如何使用信息偏差以及价格如何披露。

在无限期的交易过程中，所有交易者每期都收到私人信息，第 n 期交易者继承前 n - 1 期交易者私人信息，知情交易者 i 在第 n 期收到私人信息记 $s_{in}=v+\varepsilon_{in}$，$\varepsilon_{in}\sim N(0,\tau_{\varepsilon n}^{-1})$，$\frac{1}{\alpha}\int_0^{\alpha}\varepsilon_{in}di=0$，私人信息集 $s_i^n=\{s_{i1},s_{i2},\cdots,s_{in}\}$，根据正态分布理论，估计 v 时，统计量 $\tilde{s}_{in}=\left(\sum_{j=1}^{n}\tau_{\varepsilon j}s_{ij}\right)\Big/\left(\sum_{j=1}^{n}\tau_{\varepsilon j}\right)$ 是信息集 s_i^n 的充分统计量，$\frac{1}{\alpha}\int_0^{\alpha}\tilde{s}_{in}di=v$。信息偏差交易者收到私人信息 $t_{in}=v+u_n+\varphi_{in}$，$\varphi_{in}\sim N(0,\tau_{\varphi n}^{-1})$，$\frac{1}{1-\alpha}\int_{\alpha}^{1}\varphi_{in}di=0$，它们整体信息偏差为 $u\sim N(0,\tau_u^{-1})$，u_n 为 u 在当期的实现值。与单期模型一致，信息偏差交易者将 v + u 作为资产真实价值进行估计，私人信息集为 $t_i^n=\{t_{i1},t_{i2},\cdots,t_{in}\}$，估计 v + u 时，统计量 $\tilde{t}_{in}=\left(\sum_{j=1}^{n}\tau_{\varphi j}t_{ij}\right)\Big/\left(\sum_{j=1}^{n}\tau_{\varphi j}\right)$ 是信息集 t_i^n 的充分统计量，$\frac{1}{1-\alpha}\int_{\alpha}^{1}\tilde{t}_{in}di=v+\tilde{u}_n$，$\tilde{u}_n=\sum_{j=1}^{n}\tau_{\varphi j}u_j\left[\sum_{j=1}^{n}\tau_{\varphi j}\right]^{-1}=h_n'\tilde{u}_{n-1}+h_nu_n$（$h_n=\tau_{\varphi n}\left[\sum_{j=1}^{n}\tau_{\varphi j}\right]^{-1}$，$h_n'+h_n=1$，$h_1=1$）。所有的随机变量都相互独立。

第 n 期，知情交易者需求计划 $X_{in}(s_i^n,p_n)=\beta_n\tilde{s}_{in}-g_n(p_n)$ 是私人信息和当期价格的线性函数，信息偏差交易者需求计划 $Y_{in}=\gamma_n\tilde{t}_{in}-h_n(p_n)$ 与知情交易者类似。交易者第 n 期总共持有的头寸为 $L_n(\cdot)=\int_0^{\alpha}X_{in}di+\int_{\alpha}^{1}Y_{in}di$，由交易者需求计划可得：

$$L_n(\cdot)=z_n-g_n(p_n)-h_n(p_n) \tag{3.6}$$

其中，$z_n=k_nv+m_n\tilde{u}_n$，$k_n=\alpha\beta_n+(1-\alpha)\gamma_n$，$m_n=(1-\alpha)\gamma_n$。$z^{n-1}$ 为历史公开信息（$z^{n-1}=\{z_1,z_2,\cdots,z_{n-1}\}$），也是历史价格序列 $p^{n-1}=\{p_1,p_2,\cdots,p_{n-1}\}$

的充分统计量。第 n 期需求计划的截距项 z_n 中信息偏差部分含有上一期信息，剔除历史信息后得到 $\Delta z_n = z_n - z_{n-1} m_n h'_n m_{n-1}^{-1}$，$\Delta z_n$ 为第 n 期中的新信息，且 $\Delta z^{n-1} = \{\Delta z_1, \Delta z_2, \cdots, \Delta z_{n-1}\}$ 也为历史价格序列的充分统计量。做市商根据历史价格与当期新信息制定价格 $p_n = E[v \mid p_1, p_2, \cdots, p_{n-1}, \Delta z_n] = E[v \mid \Delta z_1, \Delta z_2, \cdots, \Delta z_n]$，知情交易者需求计划为：

$$X_{in}(\tilde{s}_{in}, p^n) = \frac{E[v - p_n \mid p^n, \tilde{s}_{in}]}{\rho Var[v - p_n \mid p^n, \tilde{s}_{in}]} \tag{3.7}$$

与单期模型一致，信息偏差交易者不认为收到的信息含有偏差，会像知情交易者一样综合收到的所有信息。他们认为做市商制定价格时对 $v + \tilde{u}_n$ 期望得到，其交易策略为：

$$Y_{in}(\tilde{t}_{in}, p^n) = \frac{E[v + \tilde{u}_n - p'_n \mid p'^n, \tilde{t}_{in}]}{\rho Var[v + \tilde{u}_n - p'_n \mid p'^n, \tilde{t}_{in}]} \tag{3.8}$$

其中，$p'_n = E[v + \tilde{u}_n \mid \Delta z_1, \Delta z_2, \cdots, \Delta z_n]$。根据知情交易者、信息偏差交易者和做市商的策略可以得到定理 3.2。

定理 3.2：*在无限期市场中存在唯一均衡，均衡时知情交易者和信息偏差交易者需求计划分别为：*

$$X_{in} = \beta_n(\tilde{s}_{in} - p_n) \tag{3.9}$$

$$Y_{in} = \gamma_n(\tilde{t}_{in} - p_n) \tag{3.10}$$

其中，$\beta_n = \sum_{j=1}^{n} \tau_{\varepsilon j}/\rho$，$\gamma_n = \sum_{j=1}^{n} \tau_{\varphi j}/\rho$。*均衡的市场价格为：*

$$p_n = \lambda_n \Delta z_n + (1 - \lambda_n \Delta k_n) p_{n-1} \tag{3.11}$$

其中，$\lambda_n = \Delta k_n \tau_u / \Delta m_n^2 \tau_n$，$\tau_n = \tau_v + \tau_u \sum_{i=1}^{n} \Delta k_n^2 \Delta m_n^2$，$\Delta m_n = \rho^{-1}(1-\alpha)\tau_{\varphi n}$，$\Delta k_n = \rho^{-1}[\alpha \tau_{\varepsilon n} + (1-\alpha)\tau_{\varphi n}]$。

在维夫斯（2008）的动态市场均衡模型中，每一期净噪声交易相互独立，得出结论为当期价格是上一期价格与当期净需求计划截距项 $\Delta z'_n = z_n - z_{n-1}$ 的线性函数，$\Delta z'_n$ 被称为当期的新信息。本部分，信息偏差交易者信息集 t_i^n 的充分统计量 $\tilde{u}_n$ 中，同时包含历史信息偏差和当期信息偏差，为了使当期的需求计划中的信息偏差与历史信息中的信息偏差无关，使用 Δz_n 作为做市商收到的新信息，把定理3.2中交易者反应强度β_n和γ_n代入Δz_n中得到推论3.2。

推论3.2：市场第n期中的新信息与交易者净需求计划的截距项相等，$\Delta z_n = \Delta z'_n$，即$m_n h'_n m_{n-1}^{-1} = 1$。信息偏差交易者净需求计划截距项含有的信息偏差部分只与当期信息偏差、信息精度和风险厌恶系数有关，即：

$$\gamma_n \tilde{u}_{in} - \gamma_{n-1} \tilde{u}_{in-1} = \rho^{-1} \tau_{\varphi n} u_n$$

第n期信息偏差交易者收到新的信息t_{in}，该信息将带来两个方面的影响：一方面，信息的增加导致过度自信的交易者对信息的充分统计量$\tilde{t}_{in}$的反应强度增加，从而使他们对历史信息偏差的反应增强；另一方面，信息偏差交易者信息集的充分统计量$\tilde{t}_{in}$中历史信息偏差的比例降低，这会降低他们对历史信息偏差的反应强度。从推论3.2的结果可以看出，这两个方面的影响可以相互抵消，信息偏差交易者不会因为收到新信息而改变对历史信息的反应强度。由于信息偏差交易者净需求计划截距项不包含历史的偏差信息，所以做市商从净需求计划中提取新信息时，直接使用净需求计划的截距项即可，这与推论3.2中的描述一致。

均衡中价格的表达式中，包含了所有公开的可用信息，在包括风险资产的序列价格信息的同时，还吸收了交易者当期所获得的信息，这正说明了市场是半强势有效市场。在市场中，历史价格或者技术分析都是徒劳的，因为当前价格是所有公开信息的充分统计量，所以交易者并不需要知道历史价格，只需要根据获得的信息进行策略交易。

市场深度是金融市场微观结构中衡量市场质量的一个重要参数，它由定理3.2中的λ^{-1}表示，含义为价格每变化1单位所吸收的需求量。为了了解市场深度与不同类型交易者比例的关系，先假设每个交易者在不同期收到的信息精度相同，根据定理3.2可以得到推论3.3。

推论3.3：（1）$\tau_\varepsilon \leqslant \tau_\varphi$，$\alpha$增加时，市场深度降低；

（2）$\tau_\varepsilon > \tau_\varphi$，交易期小于某个值时，随着$\alpha$的增加，市场深度先降低后升高；交易期大于某个值时，市场深度随α的增加而增加。

定理3.2中λ的倒数对α求导即可得到推论3.3。$\tau_\varepsilon \leqslant \tau_\varphi$时，$\alpha$增加降低了价格的信息含量，同时降低基于信息偏差进行交易的比例，这两个影响都会降低市场深度，表现为市场深度与α呈反方向变化。$\tau_\varepsilon > \tau_\varphi$时，$\alpha$增加带来两个方面的效应，一方面增加第n期价格的信息含量，λ^{-1}增加；另一方面降低基于信息偏差进行交易的比例，λ^{-1}减少。交易期小于某个值时，前者与后者对市场深度的影响与 α 的取值有关；当交易期大于某个值时，前者的效应明显大于后者，表现为随 α 的增加，市场深度增加。

图 3. 1 为市场深度随知情交易者比例的关系。其中，所有曲线相同的参数为 $\rho=1$、$\tau_v=1$、$\tau_u=2$，不同参数为知情交易者与信息偏差交易者信息精度的大小和交易期长度。图 3. 1 中的实线为知情交易者信息精度小于信息偏差交易者信息精度时市场深度和知情交易者比例的关系，它是向右下方倾斜的曲线，改变 n 的值不会影响该曲线的变动趋势。虚线是知情交易者信息精度大于信息偏差交易者信息精度时市场深度和知情交易者比例的关系，它是先下降后上升的“U”形曲线，随着 n 的增大逐渐变为向右上倾斜的曲线，如图 3. 1 中的点划线。

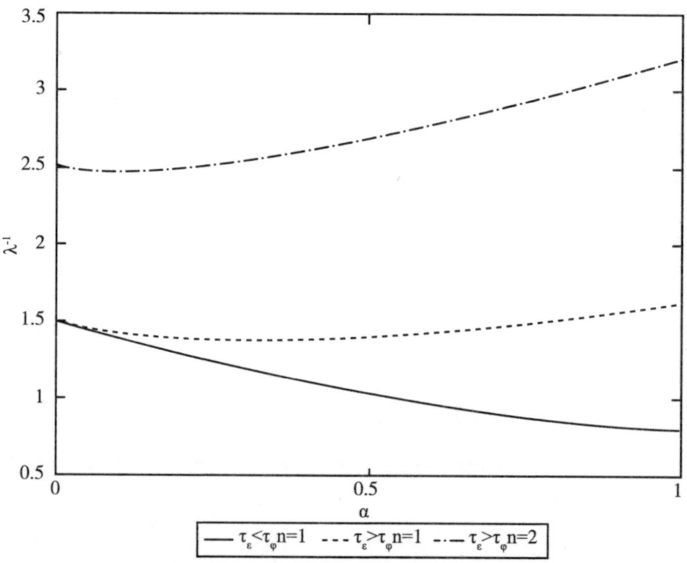

图 3. 1　市场深度与知情交易者和比例的关系

在凯尔（1985）的序贯模型中，噪声交易者每一期持有的头寸都是随机的，并且噪声交易量在不同期相互独立。然而，市场中基于套利或其他目的进行的交易使交易者持有的头寸与过去的交易行为有很强的相关性，并且外生的流动性冲击会引发持续性的恶性循环，因此，市场中的噪声交易具有长期存在性。定理 3. 2 说明交易中基于信息偏差的交易量在不同时期存在自相关性。

记 θ_n 为交易者基于信息偏差的交易量，$\theta_n = \gamma_n \tilde{u}_n = \sum \tau_{\varphi n} u_n$，切斯帕和维夫斯（2015）提出噪声交易者持有头寸具有长期性且服从自回归过程：$\theta_{n-1} = u_1$，$\theta_n = \omega\theta_{n-1} + u_2$，$\omega \in [0,1]$。当 $\omega = 0$ 时，噪声交易者持有的头寸在不同交易期相互独立；当 $\omega = 1$ 时，噪声交易者持有的头寸是一个随机游走过程。基于信息偏差的交易策略与噪声交易者的交易策略不同，噪声交易者交易一般都作为模型的一个外生冲击，其交易行为不是基于该风险资产收益最大化；信息偏差是一类交易者整体平均信息偏离资产真实价值，它是交易者持有并基于此进行理性预期的信息。根据定理 3.2 可知 ω 的值为 1，即 $\theta_n = \theta_{n-1} + \tau_{\varphi n} u_n$。

3.4　短期投资行为与多重均衡成因分析

前文中的投资者都是长期投资者，关心资产当前价格与清算价值的偏离程度。由于投资者长期存在，因而第 n 期交易者继承了前 n－1 期的私人信息。然而市场中交易者并不总是长期交易者，对长期持有风险资产的厌恶、流动性需求、现金管理或者很难长期持有风险资产都会让投资者选择短期投资。一系列的心理学实验证明了人们有短视性厌恶损失的倾向，即投资者在投资时会有只考虑短期收益和风险的情况，而不会长期综合考虑，本部分将知情交易者设定为短期交易者。在短期交易存在时，两期交易市场即可描述均衡时的所有特征。我们令资产在第二期结束后出清，知情交易者具有短视性，他们第一期持有风险资产，在第二期平仓，令信息偏差交易者仍为长期投资者。知情交易者第一期收益 $\pi_1 = (p_2 - p_1)x_{i1}$，第二期收益 $\pi_2 = (v - p_2)x_{i2}$。尽管第 n 期投资者要从价格中收集第一期投资者的私人信息，但是他仍然无法观察第 n－1 期交易者的私人信息，因此，令第 n 期的短期知情交易者不再继承前 n－1 期交易者的私人信息。其他假设与 3.3 节一致。

第二期投资者虽然是短期投资者，不过从收益函数可以看出，他们与第三部分中长期投资者一样。根据定理 3.2 得到短期市场中第二期唯一的线性均衡。

定理 3.3：知情交易者为短期投资者时，均衡时信息偏差交易者的交易策略市场价格分别为：

$$Y_{in} = \rho^{-1}\sum_{j=1}^{n}\tau_{\varphi j}(\tilde{t}_{in} - p_n) \tag{3.12}$$

$$p_n = \lambda_n\Delta z_n + (1 - \lambda_n\Delta k_n)p_{n-1} \tag{3.13}$$

其中，$\lambda_n = \Delta k_n\tau_u\Delta m_n^{-2}\tau_n^{-1}$；$\tau_n = \tau_v + \tau_u\sum_{i=1}^{n}\Delta k_n^2\Delta m_n^{-2}$；$\Delta m_n = \rho^{-1}(1-\alpha)\tau_{\varphi n}$。知情交易者交易第二期的提交的需求计划：$X_{i2} = \rho^{-1}\tau_{\varepsilon 2}(s_{i2} - p_2)$，第一期的需求计划为 $X_{i1} = \beta_1(s_{i1} - p_1)$，其中，$\beta_1 = \tau_2\tau_{\varepsilon 1}\rho^{-1}(\tau_2 + \tau_{\varepsilon 1})$。

证明：知情交易者第二期的需求计划、信息偏差交易者的需求计划和市场均衡价格与定理3.2的证明过程一样。以下证明知情交易者第一期的需求计划。

由于知情交易者第一期的收益为 $\pi_1 = (p_2 - p_1)x_{i1}$，最大化CARA型效用函数转换为最大化 $\max\limits_{x_{i1}} E[p_2 - p_1 \mid s_{i1}, p_1]x_{i1} - Var[p_2 - p_1 \mid s_{i1}, p_1]x_{i2}^2/2\rho$，因此，知情交易者最优的需求计划为：$x_{i1} = \dfrac{E[p_2 - p_1 \mid s_{i1}, p_1]}{\rho Var[p_2 - p_1 \mid s_{i1}, p_1]}$。由式（3.13）得到 $p_2 - p_1 = \lambda_2[\Delta k_2(v - p_1) + \Delta m_2 u_2]$，则：

$$E[p_2 - p_1 \mid s_{i1}, p_1] = \frac{\lambda_2\Delta k_2\tau_{\varepsilon 1}}{\tau_1 + \tau_{\varepsilon 1}}(s_1 - p_1) \tag{3.14}$$

$$Var[p_2 - p_1 \mid s_{i1}, p_1] = \lambda_2^2\Delta m_2^2\frac{\tau_2 + \tau_{\varepsilon 1}}{(\tau_1 + \tau_{\varepsilon 1})\tau_u} \tag{3.15}$$

代入知情交易者需求计划得到：$x_{i1} = \tau_2\tau_{\varepsilon 1}\rho^{-1}(\tau_2 + \tau_{\varepsilon 1})(s_1 - p_1)$。

证毕。

第一期知情交易者对私人信息的反应强度与第二期价格的信息含量相互决定。从 X_{i1} 的表达式可以看出，β_1 依赖于对第二期价格的信息含量 τ_2，根据定理3.3中 τ_n 的表达式得到第二期价格的信息含量 τ_2，取决于第一期知情交易者对私人信息的反应强度 β_1。陈旗等（2014）将市场均衡价格的不确定性由投资者行为内生决定的现象定义为内生不确定效应。然而第二期均衡价格的信息含量与第一期投资者对私人信息的反应强度存在非单调关系：β_1 小于 $\bar{\beta}$ 时，τ_2 随 β_1 单调递减；β_1 大于 $\bar{\beta}$ 时，τ_2 随 β_1 单调递增。知情交易者对私人信息反应强度低时，由于增加 β_1 会使第二期价格不确定程度增加，因而他们不会增加 β_1，此时市场中可能存在一个均衡状态；若知情交易者对私人信息反应强度高时，增加 β_1 使第二期价格的信息含量增加，知情交易者会持

续增加 β_1 直到市场处于均衡状态。因而市场存在多重均衡的可能性。以下给出价格精度和知情交易者对私人信息反应强度的关系。

推论 3.4：(1) $\beta_2 > \rho^{-1}(\alpha^{-1}-1)(\tau_{\varphi 2}-\tau_{\varphi 1})\tau_{\varphi}^{-1}\tau_{\varphi 2}$ 时，则：

$$\overline{\beta}=\frac{\tau_{\varphi 1}^{2}}{\tau_{\varphi 1}^{2}+\tau_{\varphi 2}^{2}}\beta_2-\frac{1-\alpha}{\rho\alpha}\frac{(\tau_{\varphi 2}-\tau_{\varphi 1})\tau_{\varphi 2}\tau_{\varphi 1}}{\tau_{\varphi 1}^{2}+\tau_{\varphi 2}^{2}}$$

使第二期价格的信息含量在 $\beta_1\in[0,\overline{\beta}]$ 时随 β_1 递减，$\beta_1\in[\overline{\beta},+\infty]$ 时递增。

(2) $\beta_2 < \rho^{-1}(\alpha^{-1}-1)(\tau_{\varphi 2}-\tau_{\varphi 1})\tau_{\varphi}^{-1}\tau_{\varphi 2}$ 时，$\overline{\beta}<0$，第二期价格的信息含量随 β_1 递增。

推论 3.4 说明第二期价格的信息含量是否是第一期知情交易者对私人信息反应强度的单调函数，取决于第二期知情交易者信息精度和信息偏差交易者信息精度的关系。满足推论 3.4 (1) 中的前提条件时，τ_2 与 β_1 存在“U”形关系。它们之间呈现“U”形关系的直观原因从 τ_2 的表达式中可以得出，β_1 的增加一方面使第一期价格的信息含量 τ_1 增加；另一方面却降低了因第二期交易而增加的价格信息含量。β_1 比较小时，前者的效应小于后者，表现为第二期价格的信息含量随 β_1 的增加而降低；β_1 比较大时，前者的效应大于后者，表现为第二期价格的信息含量随 β_1 的增加而增加。

另外，由市场中第二期价格的信息含量与第一期知情交易者对私人信息反应强度的非单调关系说明市场存在多重均衡的可能，同时，定理 3.3 中 β_1 也说明市场存在多重均衡的可能。即 $R(\beta_1)=\rho^{-1}(\tau_2+\tau_{\varepsilon 1})^{-1}\tau_2\tau_{\varepsilon 1}$，则函数 $R(\beta_1)$ 与 45°线的交点就是均衡点。由于 $R(0)>0$，$R(\rho^{-1}\tau_{\varepsilon 1})<\rho^{-1}\tau_{\varepsilon 1}$，所以市场中至少存在一个均衡解，又因为 $\lim\limits_{\beta_1\to\infty}R(\beta_1)=\rho^{-1}\tau_{\varepsilon 1}$，所以市场中所有的均衡解都在 $0\sim\rho^{-1}\tau_{\varepsilon 1}$。

推论 3.5：$\overline{\beta}<0$ 或 $\overline{\beta}>\rho^{-1}\tau_{\varepsilon 1}$ 时，市场中存在唯一均衡；当 $\overline{\beta}\in[0,\rho^{-1}\tau_{\varepsilon 1}]$ 时，市场存在多重均衡的可能。在任何一种均衡状态下，β_1 都位于 $0\sim\rho^{-1}\tau_{\varepsilon 1}$。

短期知情交易者的风险主要来自第二期价格的不确定性，比长期交易者面对的风险更大，所以短期知情交易者的交易强度低于长期知情交易者的交易强度，这是推论 3.5 中 β_1 位于 $0\sim\rho^{-1}\tau_{\varepsilon 1}$ 的原因。第二期市场中的新信息是第二期投资者持有头寸与第一期投资者持有头寸之差，即净交易量。知情交易者净交易强度的绝对值越大，私人信息融入价格的部分越多，净交易强度的绝对值越小，私人信息融入价格的部分越小。因此，第一期交易者增加或降低对信息的反应强度都可以增加第二期价格的信息精度，这是市场多重均衡存在的潜在原因。由于定理 3.3 中 β_1 的显式解不具有探讨的意义，因而没给出均衡时 β_1 具体表达式。为说明多重均衡存在性，本书将通过数值算例进一步说明 β_1 和 $R(\beta_1)$ 交点个数情况。

图 3.2 为 $\bar{\beta}<0$ 时市场均衡解的存在情况，根据推论 3.5 和 $R(\beta_1)$ 的表达式可以看出，$\bar{\beta}<0$ 时 $R(\beta_1)$ 随 β_1 单调递增且 $\partial R(\beta_1)/\partial\beta_1<1$。又因为 $R(\beta_1)$ 的水平渐近线为 $f=\rho^{-1}\tau_{\varepsilon1}$，因此，45°线与 $R(\beta_1)$ 有且只有一个交点，市场存在唯一均衡。这种情况存在时，一般 α、$\tau_{\varphi1}$ 和 β_2 较小，$\tau_{\varphi2}>\tau_{\varphi1}$，且 $\tau_{\varphi2}$ 较大，即信息偏差交易者比例高且第二期信息精度大于第一期。图 3.3 是 $\bar{\beta}\in[0,\rho^{-1}\tau_{\varepsilon1}]$ 时市场均衡解的存在情况，不同曲线 l_1、l_2 和 l_3 对应的 $\bar{\beta}$ 依次增大，曲线最小值点随 $\bar{\beta}$ 的增加向右移动，移动中市场出现多重均衡现象。改变 α、$\tau_{\varphi1}$、$\tau_{\varphi2}$ 和 β_2 的取值使 $\bar{\beta}$ 增大，图 3.2 中曲线将向右移动且最先达到图 3.3 中 l_1 的位置。$R(\beta_1)$ 的曲线为 l_1 时，第二期价格的信息含量与 β_1 为"U"形关系，由于 $R(\beta_1)$ 与价格的信息含量为单调递增关系，因而曲线 l_1 也是"U"形曲线。随 $\bar{\beta}$ 的增加 $R(\beta_1)$ 的曲线一直为"U"形，l_2 和 l_3 也说明了这一点。$R(\beta_1)$ 为 l_2 时存在三个均衡解，市场存在多重均衡；$R(\beta_1)$ 为 l_3 时市场重新存在唯一均衡。

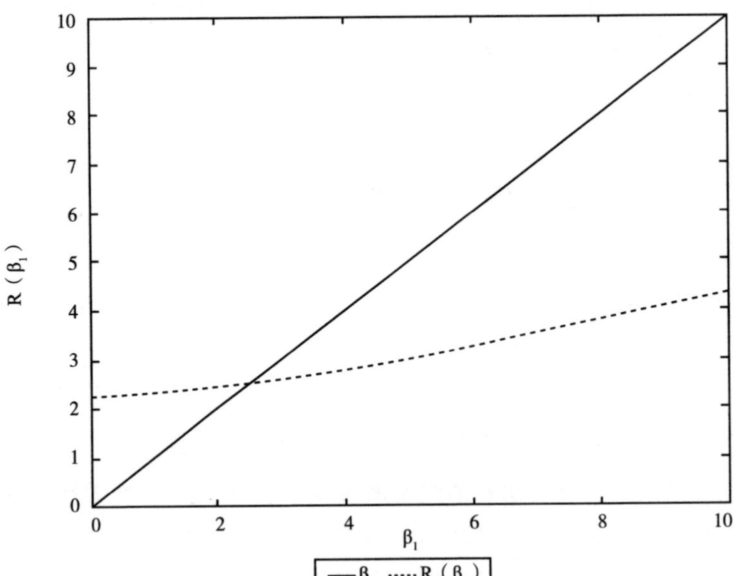

图 3.2　$\bar{\beta}<0$ 时，$R(\beta_1)$ 与 45°线

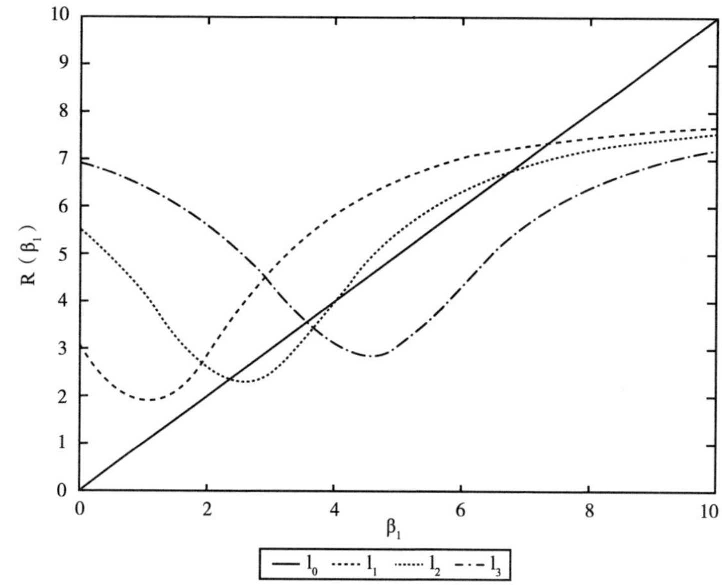

图3.3　$\bar{\beta}>0$ 时，R（β_1）与45°线

短期投资者进行“回溯推断”是市场产生多重均衡的原因，即交易者不仅推断当期对下一期影响，同时通过下一期的市场均衡状态制定当期决策，这与内生不确定效应类似。典型的“回溯推断”实例是切斯帕和维夫斯（2015）给出的第一期短期知情交易者对私人信息反应强度和第二期市场深度的关系，交易者首先根据信息反应强度推断第二期市场深度；其次根据第二期市场深度制定第一期的交易策略。本章中多重均衡产生的原因也是“回溯推断”，但交易者是通过第一期私人信息反应强度和第二期价格的信息含量的关系进行推断的，由于这两者之间呈现非单调关系，因而市场出现多重均衡现象。

3.5　多市场中关联资产价格联动的研究

随着我国多层次资本市场的快速发展和经济全球化的加深，不同市场间的联系变得更加密切，影响上市公司业绩的因素错综复杂，不同资产价格的联动现象愈发显著，同一板块中的个股走势趋同。戴方贤和尹力博（2017）指出，从行业板块、特征组合以及题材概念三个角度可以发现，股票市场存在普遍的联动现象。2015 年 7 月，我国 A 股市场经历多次千股涨停和千股跌停，个股股价以相同的方向作出相似的反应，极大地损害了市场的稳定性。同时，我国推出的 ETF 基金价格通常出现同涨或同跌现象，价格联动现象十分明显。

关联资产价格的联动现象历来是金融研究的重点问题。莫克等（2000）在股票波动同步性概念的基础上，运用股价非同步性指标测度股价中公司基本面价值，其实证表明我国沪深两市中 80% 以上的股票表现出与大盘趋同的特征。很多研究认为股价联动的现象是由经济基本面的相似性导致的，但平戴克和罗滕贝格（Pindyck and Rotemberg，1993）发现，基本面信息仅能解释股价联动的一小部分，股价通常表现出过度联动。李查理等（Lee et al.，1991）指出，市场分割和投资者情绪是造成股价过度联动的主要原因。阿德玛蒂（Admati，1985）通过构建理论模型指出股价联动的原因：市场基本面不变时，若某个股票价格相对于关联资产价格较低，则它的期望收益变高，投资者更愿意购买该资产。切斯帕和福考尔特（Cespa and Foucault，2014）研究了从事于不同股票交易的做市商观察关联资产价格时市场流动性溢出的静态模型，他们发现做市商利用当期市场多个资产订单流定价可能导致流动性崩溃发生，资产价格对外生冲击的敏感性同时变得非常高。

关联资产的价格联动现象是否影响均衡时的市场质量（流动性、信息含量、均衡存在的唯一性及均衡稳定性等），投资者的私人信息如何通过交易形成价格？切斯帕和福考尔特（2014）发现做市商从关联资产价格中学习信息会加强价格的信息含量和市场流动性，从而引起市场非流动性溢出，并用这种现象解释市场脆弱现象。伯恩哈特和陶布（Bernhardt and Taub，2008）令交易者持有多个资产的基本面，研究表明，投资者持有不同资产的基本面信息将增加价格的关联性和波动性以及市场流动性。本部分通过构建动态理性预期模型研究关联资产价格的联动现象，探究私人信息在关联资产价格形成中的作用。

本书中一个重要假设是交易者能观察关联资产价格但无法交易关联资产，这与资本市场中的分割现象相吻合（Lee et al.，1991）。姚宁（2006）指出由不同市场的投资壁垒或所有者限制以及不同市场的物理差异会造成市场分割现象的发生，这种分割叫作“硬分割”。“硬分割”存在多种投资限制形式：（1）本国政府限制外国投资者进入本国市场；（2）限制本国投资者进入国外股票市场；（3）限制外国投资者持有本国企业证券的比例。“硬分割”

在新兴的国际资本市场中普遍存在，如墨西哥、韩国、澳大利亚的国内资本市场，以及我国资本市场中的 A 股市场和 B 股市场。除此以外，市场中同时存在由于信息不对称、流动性差异、投资者偏好和心理差异等因素造成的"软分割"。在市场分割存在的情况下，交易者即使拥有股票的信息，也有可能无法交易关联资产，他们只能通过观察关联资产价格的方式增加其信息优势，改变交易策略。

目前，市场分割下关联资产价格互动的研究以实证为主。章晟和余攀（2008）、于斐斐（2012）、徐龙（2011）分别对金属铜、螺纹钢、铁矿石的期货市场和现货市场以及股票市场的价格展开实证研究，发现这些产品的价格在不同市场存在长期共同趋势。雷蒙德·苏和谢耀南（So and Tse，2004）通过比较香港恒生指数、恒生指数期货和盈富基金市场价格得出三个市场存在一致性的协整关系。从实证研究发现同一产品在不同市场中的价格具有很强的关联性。在理论研究中，戈德斯坦等（Goldstein et al.，2014）从不同市场中交易者目的不同的角度展开，发现不同市场的交易者存在相反的交易行为，交易者之间的策略互补可能会导致市场多重均衡。

本部分以交易者是否观察相关资产价格为出发点，通过研究发现，承担做市商功能的交易者具有的风险厌恶性和资产清算价值相互影响导致的风险外部性是市场多重均衡发生的主要原因，由于交易者观察关联资产价格会降低资产清算价值的不确定程度，所以交易者观察关联资产价格时多重均衡发生概率降低。本部分的研究支持政策制定者和监管者引导交易者关注更多行业内的信息。

3.6　基于关联资产的动态理性预期模型分析

3.6.1　模型假设

假设股票市场存在清算价值相关的两个资产 D 和 D′，令它们的清算价值分别为[①]：

---

① 与将清算价值假设为联合正态分布相比，式（3.16）、式（3.17）更容易反映风险的来源。实质上，联合正态分布与式（3.16）、式（3.17）的假设具有一致性，可相互转换。

$$v = \delta + d\delta' \tag{3.16}$$

$$v' = \delta' + d'\delta \tag{3.17}$$

$\delta(\delta')$ 表示资产 $D(D')$ 的风险因子，δ 和 δ'相互独立且服从均值为零、方差分别为 τ_δ^{-1} 和 τ'^{-1}_δ 的正态分布。v 的形式说明资产 D 的清算价值受多个风险因子的影响，其中，δ 和 δ'来自相关公司的风险情况，$|d|$越大，表明来自关联资产的风险越高①。令交易总共发生两期，资产 D 在第 t（$t\in\{1, 2\}$）期的均衡价格为 p_t，第二期结束后资产出清，$p_3 = v$。

每种资产的交易者只有两种类型：流动性需求者和［0，1］上可测的短视知情交易者。流动性需求者第 t 期对资产 D 的净需求为 $u_t \sim N(0,\tau_{ut}^{-1})$，持有的头寸分别为 $\theta_1 = u_1$ 和 $\theta_2 = u_1 + u_2$。资产 D 的交易中，知情交易者 i 在第 t 期收到私人信息 $s_{it} = \delta + \varepsilon_{it}$，其中，$\varepsilon_{it} \sim N(0,\tau_{\varepsilon t}^{-1})$ 且 $\int_0^1 s_{it}di = \delta$ ②，$\tau_{\varepsilon t}$为知情交易者的私人信息精度。

根据理性预期均衡理论可知知情交易者在第一期的信息集为 $G_{i1} = \{s_{i1}, p_1\}$，由于他们在第二期能观察到 p_1'，因此 $G_{i2} = \{\tilde{s}_{i2}, p_1, p_2, p_1'\}$，其中 $\tilde{s}_{i2} = (\tau_{\varepsilon 1} + \tau_{\varepsilon 2})^{-1}(\tau_{\varepsilon 1}s_{i1} + \tau_{\varepsilon 2}s_{i2})$ 等价于 $\{s_{i1}, s_{i2}\}$。第 t 期，基于私人信息提交需求计划③ $x_{it} = X_t(G_{it})$。

令知情交易者 i 拥有 CARA 效用函数 $U(\pi_{it}) = -\exp(-\rho\pi_{it})$，其中 ρ 为常风险厌恶系数。在短视投资假设下，知情交易者只关心 t 期投资在 t + 1 期的利润 $\pi_{it} = (p_{t+1} - p_t)x_{it}$。最大化 $U(\pi_{it})$ 的条件期望等价于：

$$\max_{x_{ijt}}(E[p_{t+1} \mid G_{it}] - p_t)x_{it} - \frac{1}{2}\rho Var[p_{t+1} \mid G_{it}]x_{it}^2 \tag{3.18}$$

令式（3.18）目标函数的一阶导数为零可得知情交易者策略为：

$$x_{it} = \frac{E[p_{t+1} \mid G_{it}] - p_t}{\rho Var[p_{t+1} \mid G_{it}]} \tag{3.19}$$

结合正态分布条件期望性质可得，x_{it}是私人信息和市场价格的线性函数，记 x_{it}的形式分别为：

① 资产清算价值的形式具有对称性，为表述方便，本书以资产 D 为例展开，含上角标“′”则为资产 D′的交易参数。

② 由大数定理可得。

③ 广义的限价指令流。

$$x_{i1}=\beta_1 s_{i1}-\varphi_1(p_1) \tag{3.20}$$

$$x_{i2}=\beta_2 \tilde{s}_{i2}-\varphi_2(p_1,p_2,p_1') \tag{3.21}$$

市场出清时，每个市场中交易者持有的头寸之和为零①，即：

$$\int_0^1 x_{it}\,di+\theta_t=0 \tag{3.22}$$

3.6.2　关联资产与第二期均衡

在第一期，将式（3.20）代入式（3.22）可得 $\beta_1\delta-\varphi_1(p_1)+u_1=0$，令 $z_1=\varphi_1(p_1)=\beta_1\delta+u_1$，则 z_1 与 p_1 包含相同的信息。同理，由第二期出清条件得到：$\beta_2\delta-\varphi_2(p_1,p_2,p_1')+u_1+u_2=0$，等式左边 $+z_1-z_1$ 并整理得 $z_2=\varphi_2(p_1,p_2,p_1')-z_1$，其中，$z_2=\Delta\beta_2\delta+u_2$。此时，$\{z_1,z_2,z_1'\}$ 与 $\{p_1,p_2,p_1'\}$ 包含相同的信息。记 $z^2=\{z_1,z_2\}$，$p^2=\{p_1,p_2\}$，求解式（3.21）和式（3.22）可得定理3.4。

定理3.4：第二期市场存在线性均衡，均衡价格和知情交易者的策略分别为：

$$p_2=\lambda_2 z_2+(1-\lambda_2\Delta\beta_2)\lambda_{11}z_1+E[d\delta'\mid z_1'] \tag{3.23}$$

$$x_{i2}=\beta_2(\tilde{s}_{i2}-p_2)+\rho^{-1}k\tau_2(E[\delta\mid z^2]-p_2)+\rho^{-1}k\tau_{i2}E[d\delta'\mid z_1'] \tag{3.24}$$

其中，$k=\tau_{i2}^{-1}/(\tau_{i2}^{-1}+d^2\tau_1'^{-1})$，$\beta_2=\rho^{-1}k(\tau_{\varepsilon1}+\tau_{\varepsilon2})$，$\tau_1=Var[\delta\mid z_1]$，$\tau_2=Var[\delta\mid z^2]$，$\tau_{i2}=Var[\delta\mid\tilde{s}_{i2},z^2]$，$\lambda_2=(\rho+k\Delta\beta_2\tau_{u2})/k\tau_{i2}$，$\lambda_{11}=(\rho+k\beta_1\tau_{u1})/(\rho\beta_1+k\tau_1)$。

知情交易者的头寸 x_{i2} 包含三个部分。第一，$\beta_2(\tilde{s}_{i2}-p_2)$ 反映知情交易者根据D资产的风险因子信息进行投资的头寸，存在的原因是私人信息与均衡价格的差异，权重依赖于私人信息精度。第二，$\rho^{-1}k\tau_2(E[\delta\mid z_1,z_2]-p_2)$ 反映知情交易者为市场提供做市功能所要求的风险溢价②，存在的原因是市

---

① 从资产D和D′清算价值的形式可以看出，交易者拥有 δ_j 的信息时，有动机交易两种资产。在分割市场下，交易者具有比较优势，容易获得所在市场中风险资产的信息，因此，位于资产D(D′)所在市场的交易者容易获得关于δ(δ′)的信息，且只能交易资产D(D′)，所以拥有信息集 $G_t(G_t')$ 的交易者持有资产D(D′)的头寸如式（3.19）所示，持有D′(D)资产的头寸为0。

② 市场出清条件表明，知情交易者满足了市场的流动性需求，具有做市功能。

场对 δ 的预期与均衡价格的差异，权重依赖于价格信息对 δ 的揭示情况。第三，$\rho^{-1}k\tau_{i2}E[d\delta' | z_1']$ 反映知情交易者基于关联资产历史价格进行的投资，无法获得关联资产历史价格信息时该部分为零。比较交易者对每部分的反应强度可以看出，对第三部分的反应强度等于前两部分之和。

关联资产带来的风险直接影响知情交易者对私人信息反应强度 β_2。性质 1 中，k 反映 D 资产风险因子（δ）和清算价值（v）风险的比值。$d=0$ 时，D′对 D 不造成任何影响，$k=1$，知情交易者对私人信息反应强度达到最大值 $(\tau_{\varepsilon1}+\tau_{\varepsilon2})/\rho$。$d\neq0$ 时，知情交易者从关联资产历史价格 p_1' 获取信息越多，则 k 越大。

推论 3.6：第二期交易中，市场至少存在一个均衡，满足下列条件时市场存在三重均衡，即：

$$-\sqrt{\Delta^3} < 4\beta_1^3 - 3\beta_1\Delta - \frac{27(\tau_{\varepsilon1}+\tau_{\varepsilon2})\tau_1'/d^2}{2\rho\tau_{u2}} < \sqrt{\Delta^3} \qquad (3.25)$$

$$\Delta = \beta_1^2 - 3\frac{\tau_{i1}+\tau_{\varepsilon2}+\tau_1'/d^2}{\tau_{u2}} > 0 \qquad (3.26)$$

当资产 D′的清算价值不影响资产 D 时，第二期知情交易者对私人信息反应强度存在唯一解 $\rho^{-1}(\tau_{\varepsilon1}+\tau_{\varepsilon2})$，市场存在唯一纳什均衡。D 和 D′的清算价值相互影响时，第二期市场可能发生多重均衡。推论 3.6 中的结果表明，市场多个纳什均衡的存在性受私人信息精度 $\tau_{\varepsilon2}$、流动性需求精度 τ_{u2} 和关联资产历史价格信息精度（表现为 τ_1'/d^2 的大小）影响①。对知情交易者而言，s_{i2} 和 $\{p_1, p_1'\}$ 属于已拥有信息，其精度衡量了私人信息优势；u_2 属于未获得的信息，其精度衡量了利用价格预期其他交易者行为的能力。知情交易者私人信息优势强（$\tau_{\varepsilon2}$ 很大）或很难利用价格预期其他交易者行为（τ_{u2} 很小）时，理性预期效果不明显，市场处于唯一的纳什均衡；反之，知情交易者非常重视对其他交易者行为的预期，交易策略存在多个纳什均衡。

第二期存在多重均衡时，定理 3.4 中的 β_2 有三个解，令其分别为 β_{2L}、β_{2M} 和 β_{2H}，求解可得推论 3.7。

---

① 只考虑第二期参数和式（3.25）左侧不等式，β_1 的影响将在后续部分展开讨论。

推论 3.7：市场满足式（3.25）、式（3.26）时，β_{2L}、β_{2M}和β_{2H}分别介于$\left(0,\ \frac{2\beta_1-\sqrt{\Delta}}{3}\right)$、$\left(\frac{2\beta_1-\sqrt{\Delta}}{3},\ \frac{2\beta_1+\sqrt{\Delta}}{3}\right)$和$\left(\frac{2\beta_1+\sqrt{\Delta}}{3},\ \frac{\tau_{\varepsilon1}+\tau_{\varepsilon2}}{\rho}\right)$之间。

市场中，知情交易者净交易策略中对私人信息反应强度（$|\Delta\beta_2|$）越强烈，则均衡价格的信息含量越多。在理性预期框架下，未来价格信息含量的增加导致知情交易者增加做市投资的权重，降低基于私人信息进行投资的权重。对已持仓的知情交易者而言，不同的策略行为导致市场存在不同均衡，如图 3.4 所示。已建仓的知情交易者对私人信息的反应强度增加或降低固定值$|\Delta\beta_2|$时，预期价格的信息含量增加，削弱（增强）过程 I 中（II）交易者对私人信息的净反应强度。因此，重新达到均衡状态时，$|\Delta\beta_{2H}|$总是小于$|\Delta\beta_{2M}|$和$|\Delta\beta_{2L}|$。图 3.5 直观地表达了该结论。

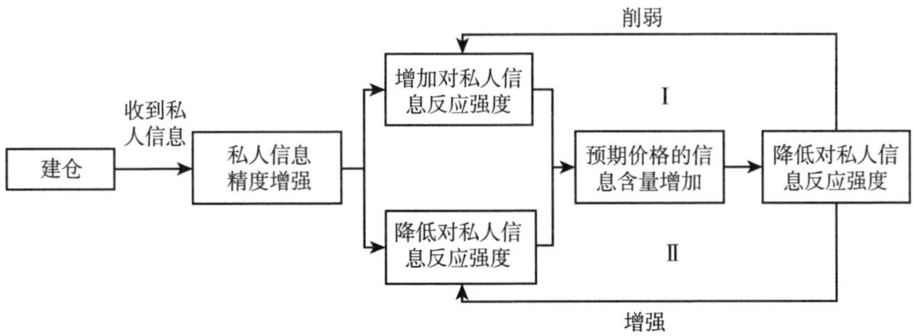

图 3.4　通过预期价格信息改变交易策略的原理

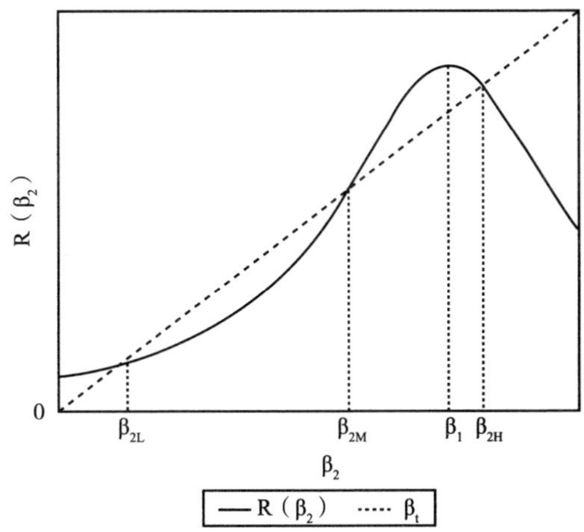

图 3.5　交易者在第二期多个策略存在示意

推论3.8：市场满足式（3.25）和式（3.26）时，β_{2L}为稳定均衡解，β_{2M}为不稳定均衡解，β_{2H}的稳定性不确定。

当$\beta_2 < \beta_1$时，$R(\beta_2)$随β_2的增加而增加；$\beta_2 > \beta_1$时，$R(\beta_2)$随β_2的增加而减小，且$R(\beta_2)$的图形关于$\beta_2 = \beta_1$对称，如图3.5所示。均衡状态下，β_{2L}点处的$|\partial R(\beta_2)/\partial\beta_2| < 1$，市场稳定；$\beta_{2M}$点处的$|\partial R(\beta_2)/\partial\beta_2| > 1$，市场不稳定。$\beta_{2H}$的稳定性如图3.6所示，其中（a）为稳定均衡，（b）为不稳定均衡。

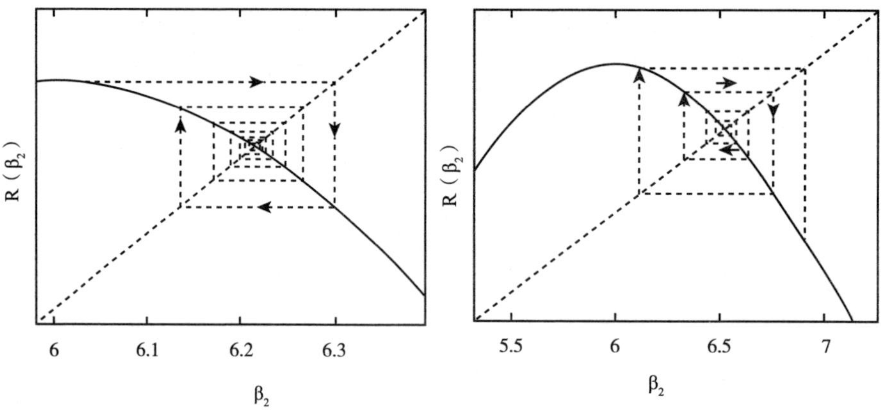

（a）　　　　（b）

图3.6　不同参数下β_{2H}的稳定性

图3.6（a）和图3.6（b）中相同的参数为$\rho = 0.5$、$\tau_{\varepsilon 1} = 10$、$\tau_{\varepsilon 2} = 5$、$\tau_{u2} = 5$、$\beta_1 = 6$，不同的参数：图3.6（a）中$\tau_1'/d^2 = 5$，图3.6（b）中$\tau_1'/d^2 = 3.5$。图3.6（a）为不稳定均衡，虚线的起点位于偏离$\beta_{2H}$任意小量的位置，通过顺时针旋转最后达到不稳定状态，说明市场中交易者对其他人的反应非常敏感，均衡不稳定；图3.6（b）为稳定均衡，虚线的起点位于$R(\beta_2)$上与β_{2H}偏离较远的位置，知情交易者相互作用后最终达到均衡状态。

3.6.3　短期交易与第一期均衡

知情交易者的第一期策略为$x_{it} = \rho^{-1}\mathrm{Var}[p_2 \mid p_1, s_{i1}]^{-1}(E[p_2 \mid p_1, s_{i1}] - p_1)$，将第二期的均衡价格代入后得到定理3.5。

定理 3.5：第一期市场存在线性均衡，均衡价格和知情交易者的策略分别为：

$$p_1 = \lambda_1 z_1 \tag{3.27}$$

$$x_{i1} = \beta_1(s_{i1} - p_1) + \beta_1\tau_{\varepsilon 1}^{-1}\tau_1(E[\delta \mid z_1] - p_1) + \frac{\beta_1\tau_{i1}(1-\lambda_2\Delta\beta_2)}{\tau_{\varepsilon 1}\lambda_2\Delta\beta_2}(\lambda_{11}z_1 - p_1) \tag{3.28}$$

其中，$\beta_1 = A\rho^{-1}\tau_{\varepsilon 1}\lambda_2\Delta\beta_2\tau_{u2}$，$\lambda_1 = (1-\lambda_2\Delta\beta_2)\lambda_{11} + \tau_{i1}^{-1}\beta_1(\tau_{\varepsilon 1} + \beta_1^2\tau_{u1})\lambda_2\Delta\beta_2$，$\tau_{i1} = \tau_1 + \tau_{\varepsilon 1}$，$A = [\lambda_2^2(\tau_2 + \tau_{\varepsilon 1}) + \tau_{i1}\tau_{u2}d^2(\tau'^{-1}_{\delta} - \tau'^{-1}_{1})]^{-1}$。

从 x_{i1} 的形式可以看出，短期交易者第一期的头寸也包含三个部分，其中，前两部分与式（3.24）中的前两部分相同，第三部分源于短期投资导致的价格偏离。切斯帕（2002）已证明，$|d| = 0$ 且知情交易者最大化长期效用时，$\lambda_{11} = \lambda_1 = \rho\tau_{i1}^{-1} + \tau_{i1}^{-1}\beta_1\tau_{u1}$，$\lambda_{11}z_1 - p_1 = 0$。此外，由于知情交易者在第一期无法利用关联资产价格，因此，x_{i1} 中不包含关联资产引起的投资。

然而，关联资产的交易可以通过知情交易者对第二期价格的预期改变其对私人信息的反应强度。在 β_1 中，$d^2(\tau'^{-1}_{\delta} - \tau'^{-1}_{1}) = Var[dE[\delta' \mid p'_1]]$ 体现知情交易者面临的第二期价格中关联资产带来的风险，其大小与 D′在第一期的交易有关。第二期均衡价格带给短期交易者的风险为 $Var[\lambda_2(\Delta\beta_2\delta + u_2) \mid s_{i1}, p_1] = \lambda_2^2((\tau_2 + \tau_{\varepsilon 1})/\tau_{i1}\tau_{u2})$。整理该表达式可以看出，$|\Delta\beta_2|$ 和 τ_{u2} 的增加将加强短期交易者面临的第二期风险。

分析 β_1 的取值可得到推论 3.9。

推论 3.9：短期交易者对 β_2 的预期不变时，第一期市场中至少存在一个满足 $0 < \beta_1 \leqslant \tau_{\varepsilon 1}/\rho$ 的线性均衡，且在一定条件下产生三重均衡。

推论 3.9 中多重均衡产生的原因与第二期一样，都是由理性预期框架和对称信息假设联合导致的。不同点是第二期交易中知情交易者能获得第一期交易的所有信息，此时 β_1 为定值（即图 3.4 中的建仓过程）；第一期交易中短期交易者只能预期第二期的交易行为（即考虑固定预期 β_2），而该预期并不一定能实现。

推论 3.10：资产 D 和资产 D′的知情交易行为存在策略替代现象。

两资产的交易者对私人信息反应强度的相互作用过程如下：D 的第一期知情交易者增加 β_1 使得 p_1 揭示更多 δ 的信息，导致 D′的第二期价格结构中

δ 的比例增加，D′的第一期知情交易者面临更高风险，从而降低 β_1'。该过程说明关联资产和短期交易的联合作用导致策略替代现象发生。

3.7 不同市场均衡状态的算例分析及讨论

3.7.1 两期均衡与预期自我实现

定理3.4和定理3.5中，第t期知情交易者的策略分析都基于相对静态分析展开，其多重均衡在动态分析中只属于某期市场中交易者的多个策略解。然而从 β_1 和 β_2 的表达式可以看出，短期交易者第一期策略影响第二期交易策略，对第二期交易策略的预期同时反映到第一期决策中。动态均衡的分析既要考虑两期交易者策略的均衡解，又要考虑均衡的实现性。为剔除关联资产间的交叉影响，本节假设 $d'=0$，此时，τ_1'（总是大于 τ_δ'）可以由 D′资产交易中的其他参数决定。给定不同参数得到动态均衡下 β_1 和 β_2 的解，如图3.7和图3.8所示。

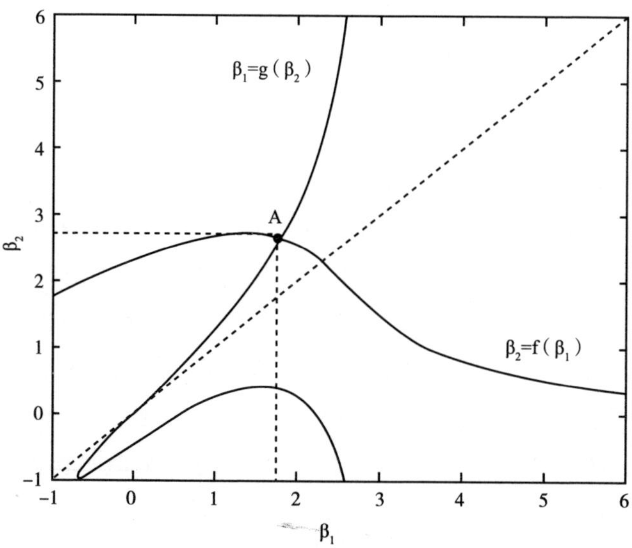

图3.7 唯一动态均衡

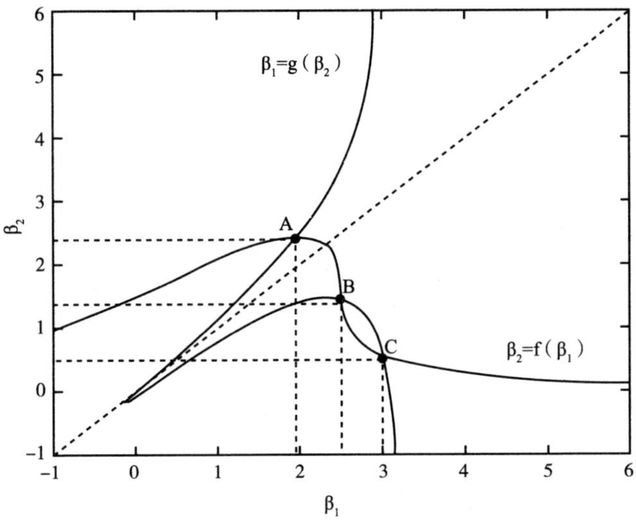

图 3.8　三重动态均衡

图中两条实线交点（图 3.7 的 A 点，图 3.8 的 A、B 和 C 点）的值即为两期市场均衡下知情交易者对私人信息的反应强度，图 3.7、图 3.8 表示市场存在唯一（三重）均衡。曲线 $\beta_2=f(\beta_1)$ 表示随着 β_1 的变化，知情交易者如何调整在第二期对私人信息反应强度。图 3.7 和图 3.8 中，给定 β_1 时，存在唯一的 β_2 与之对应，即第二期市场总存在唯一均衡。曲线 $\beta_1=g(\beta_2)$ 表示 β_1 与短期交易者对 β_2 预期的关系。与曲线 $\beta_2=f(\beta_1)$ 不同，β_2 固定时，曲线 $\beta_1=g(\beta_2)$ 上可能存在多个不同的 β_1 与之对应，即第一期市场存在多个均衡。

曲线 $\beta_2=f(\beta_1)$ 和 $\beta_1=g(\beta_2)$ 的交点为两期市场均衡，即 A 点、B 点和 C 点①。若第一期的短期知情交易者预期第二期的交易者对私人信息反应强度为 β_{2A}，则他将 β_1 调整为 β_{1A}，第二期交易发生时，知情交易者对私人信息反应强度与第一期交易者的预期一致（为 β_{2A}），即市场存在预期自我实现现象②。预期自我实现过程同样适用于 B 点和 C 点。

第二期市场存在多重均衡时，短期交易者对 A 点和 B 点的预期不一定能实现，如图 3.9 所示。若第一期知情交易者预期第二期交易者对私人信息反

---

① 记 A 点、B 点和 C 点的坐标分别为（β_{1A}，β_{2A}）、（β_{1B}，β_{2B}）和（β_{1C}，β_{2C}）。

② 市场均衡状态与交易者预期保持一致的现象。本书特指 β_2 的实现值与短期交易者在第一期的预期一致。

应强度为 β_{2B}，则他们将 β_1 调整为 β_{1B}。当 $\beta_1=\beta_{1B}$时，第二期市场满足多重均衡发生条件，交易者对私人信息反应强度可能是 β_{2BH}、β_{2BM}或 β_{2BL}（曲线 $\beta_2=f(\beta_1)$ 与 $\beta_1=\beta_{1B}$交点的纵坐标）。其中他们对私人信息反应强度为 β_{2BM}的均衡不稳定，反应强度为 β_{2BL}的均衡稳定，但无法确定反应强度为 β_{2BH}时市场均衡的稳定性。当 β_{2BM}发生时，预期自我实现发生，但两期市场均衡不稳定；而在 β_{2BH}和 β_{2BL}下，市场无法实现知情交易者在第一期的预期（A 点和 C 点存在同样结论）。据此得到定理 3. 6。

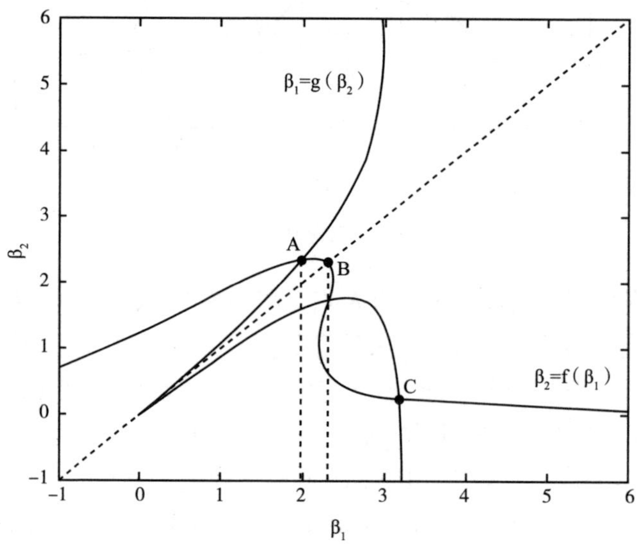

图 3.9　交易者预期不一定实现

定理 3. 6：对于任意的 $\beta_1 \in (0, \tau_{\varepsilon1}/\rho)$：若式（3. 25）和式（3. 26）不同时满足，则两期市场中预期自我实现总会发生，市场至少存在一个均衡；若两期均衡下 β_{2BL}第一期交易者对第二期的预期满足式（3. 25）和式（3. 26），则无法保证他们的预期总能实现。

从图 3. 7 ~ 图 3. 9 可以看出，市场总存在均衡点 A，均衡点 B 和 C 的存在性与其他参数有关。三重均衡存在时，均衡点 A、B 和 C 满足（1）$\Delta\beta_{2A}>0$、$\max\{\Delta\beta_{2B}, \Delta\beta_{2C}\}<0$ 和 $|\Delta\beta_{2B}|<|\Delta\beta_{2C}|$；（2）$\beta_{1A}<\beta_{1B}<\beta_{1C}$和 $\beta_{2A}>\beta_{2B}>\beta_{2C}$。

3.7.2　资产价值关联性对均衡的影响

3.7.2.1　d′=0 的情况

d′=0 的前提下，δ 不影响资产 D′的清算价值，资产 D 的交易不影响资产 D′。资产 D′对 D 的交易影响体现在三个方面：风险因子的信息精度(τ'_δ)、δ′对 v 的影响程度（d）和资产 D′的第一期均衡价格增加的信息含量（$\beta_1'^2\tau'_{u1}$）。第二期市场中，若存在唯一均衡，则 β_2 与 τ'_δ和 $\beta_1'^2\tau'_{u1}$正相关，与 d 负相关；若存在三重均衡，则 β_L 和 β_H 与 τ'_δ和 $\beta_1'^2\tau'_{u1}$正相关，与 d 负相关，β_M 与 β_H 与 τ'_δ和 $\beta_1'^2\tau'_{u1}$负相关，与 d 正相关。

两期市场均衡中，τ'_δ和 d 的影响如图 3.10 和图 3.11 所示，点线、实线和点划线分别表示 τ'_δ(d) 取值为 0.01（0.05）、0.3（0.2）和 2（0.6）时 β_1 和 β_2 的关系。从图中可以看出，资产 D′对 D 的清算价值影响增加时，D 资产的知情交易者面临更大风险，降低对私人信息的反应强度，表现为均衡点 A 的横纵坐标都随 τ'_δ(d^{-1}) 的降低而减小。此外，τ'_δ和 d 很大或很小时，两期市场存在唯一均衡。

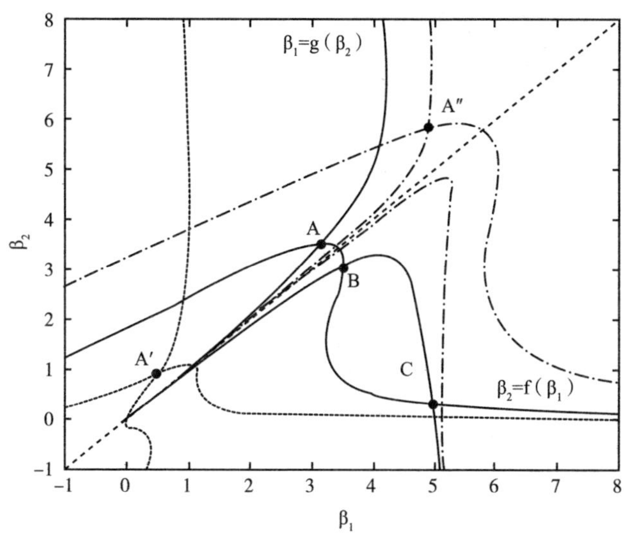

图 3.10　τ'_δ对动态均衡的影响（d′=0）

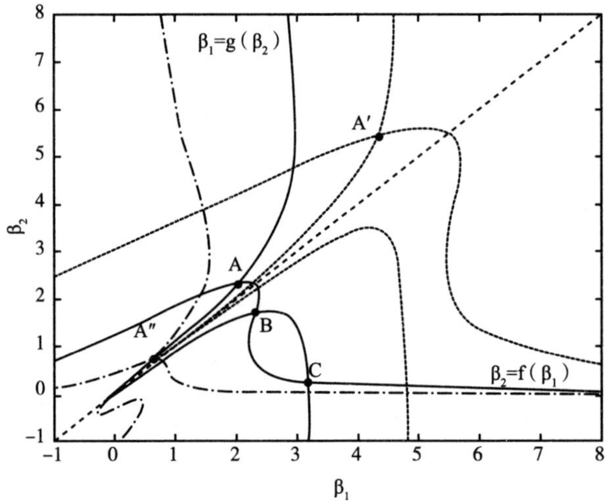

图 3.11 d 对动态均衡的影响（d′=0）

与 τ_δ' 和 d 不同，$\beta_1'^2\tau_{u1}'$ 的大小取决于资产 D′在第一期的交易情况，反映了第二期知情交易者从历史价格 p_1' 中获取的信息精度。图 3.12 中点线、实线和点划线分别表示 $\beta_1'^2\tau_{u1}'$ 为 0.01、0.2 和 4 时 β_1 和 β_2 的关系。从图中可以看出，若知情交易者从 p_1' 获取的信息精度足够高，则两期市场存在唯一均衡点 A。由于 p_1' 中的信息越多，第二期知情交易者面临的风险越小，所以 β_{2A} 与 $\beta_1'^2\tau_{u1}'$ 正相关，但这使短期交易者预期 p_2 时面临更大风险，因此，β_{1A} 与 $\beta_1'^2\tau_{u1}'$ 负相关。

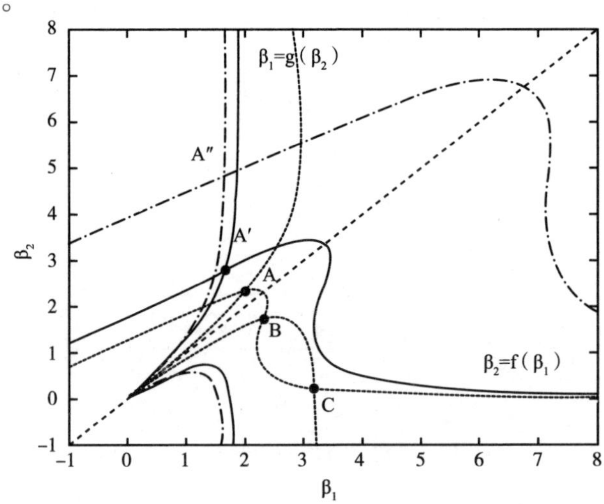

图 3.12 $\beta_1'^2\tau_{u1}'$ 对动态均衡的影响（d′=0）

3.7.2.2　$dd'\neq0$ 的情况

市场满足 $dd'\neq0$ 时，δ 和 δ' 同时影响资产 D 和 D′的清算价值，图 3.13 表示了两期交易者投资决策的传导过程。从图 3.13 中可以看出，知情交易者对私人信息的反应强度 β_1、β_1'、β_2 和 β_2' 相互影响，市场均衡状态取决于四个方程的解。为简化分析，本书只考虑两资产所在市场对应参数相等的情况，此时，交易者策略满足 $\beta_1=\beta_1'$ 和 $\beta_2=\beta_2'$。

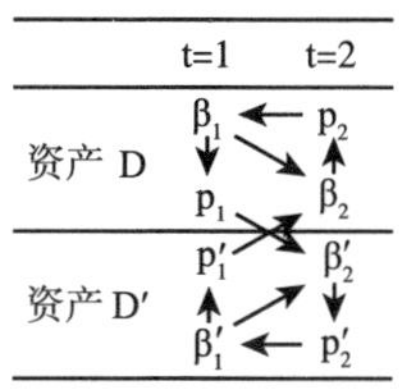

图 3.13　交易者决策的影响过程

图 3.14 和图 3.15 分别描述两资产风险因子相互影响程度和信息精度同时变化对两期市场均衡结果的影响。与 $d'=0$ 的结论一样，交易者面临的关联资产风险很大或很小时，市场存在唯一均衡，此时 β_t 和 β_t'与关联资产风险的大小负相关。

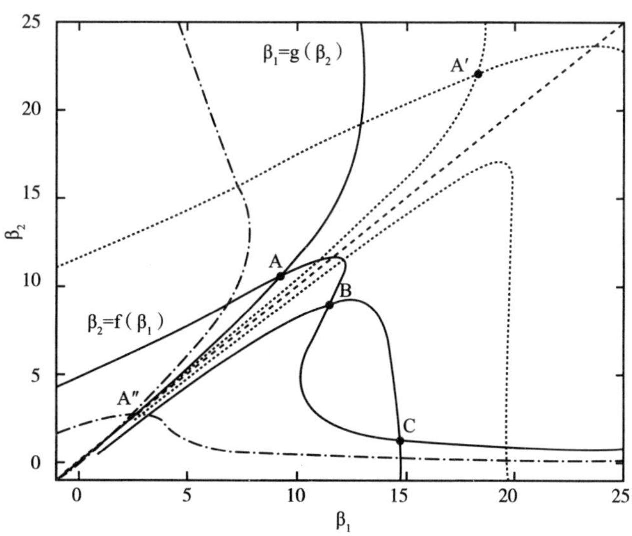

图 3.14　对称参数时 d 对均衡的影响

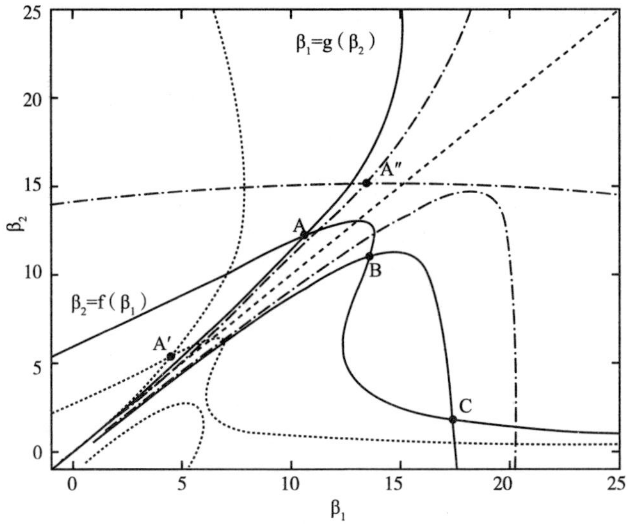

图 3.15 对称参数时 τ_δ 对动态均衡的影响

流动性交易量的精度对两期市场均衡的影响如图 3.16 和图 3.17 所示，其中，点线、实线和点划线分别表示 τ_{ut} 逐渐增大时 β_1 和 β_2 的关系。从图中可以看出，通过增加第一期流动性交易量的精度或降低第二期流动性交易量的精度都能避免多重均衡发生，与此同时，也降低了知情交易者在第一期对私人信息反应强度。

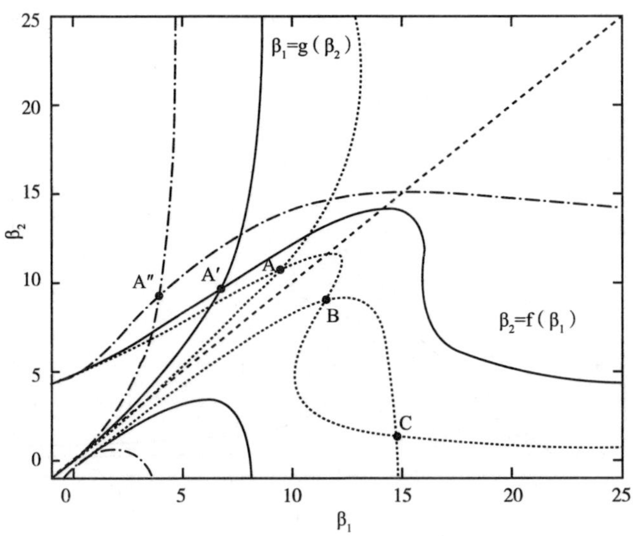

图 3.16 对称参数时下 τ_{u1} 对均衡的影响

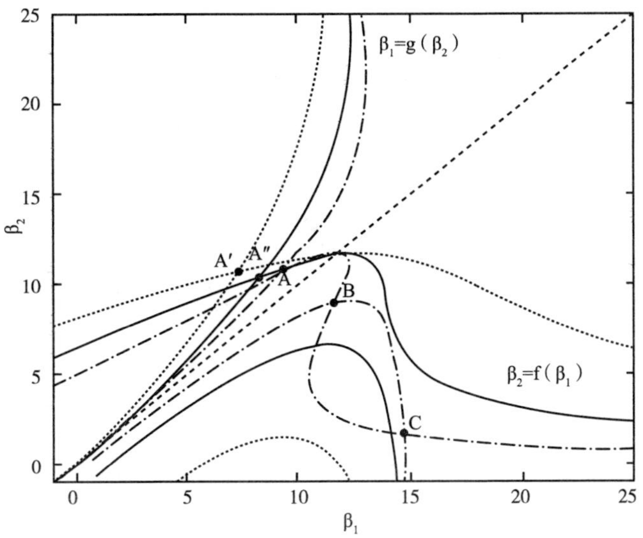

图 3.17 对称参数时下 τ_{u2} 对均衡的影响

知情交易者的私人信息精度对两期均衡的影响如图 3.18 和图 3.19 所示，其中，点线、实线和点划线分别表示 $\tau_{\varepsilon t}$ 逐渐增大时 β_1 和 β_2 的关系。从图中可以看出，$\tau_{\varepsilon 1}$ 充分大或充分小、$\tau_{\varepsilon 2}$ 充分大时，市场存在唯一均衡，且交易者在两期中对私人信息反应强度都与 $\tau_{\varepsilon t}$ 正相关。

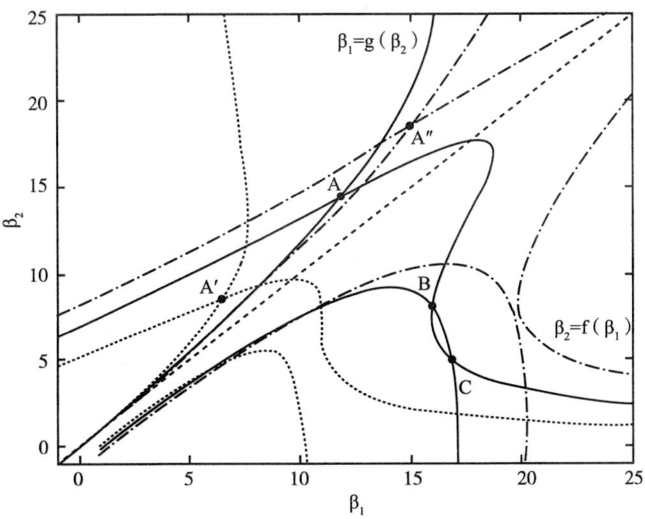

图 3.18 对称参数时下 $\tau_{\varepsilon 1}$ 对均衡的影响

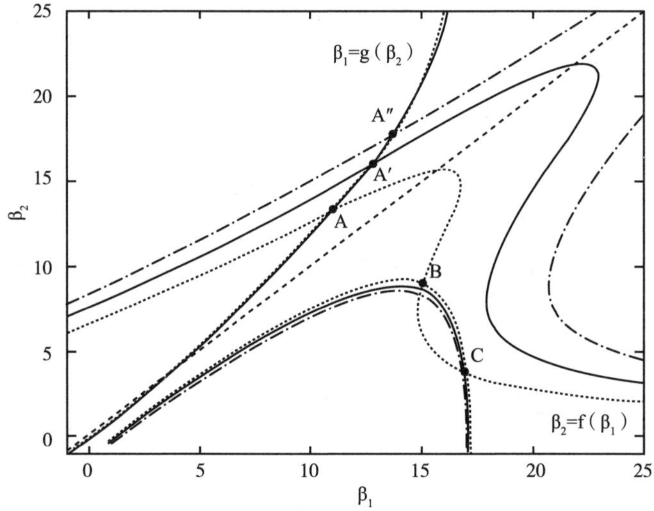

图 3.19　对称参数时下 $\tau_{\varepsilon 2}$ 对均衡的影响

3.7.3　投资期限对关联资产定价的影响分析

与短期交易者不同，长期交易者以两期总收益的期望效用最大化为目标。第一期交易前，长期交易者预期的总收益为：$(p_2-p_1)x_{i1}+(v-p_2)\Delta x_{i2}$。最大化其效用函数，得到长期交易者在第一期对私人信息的反应强度为（证明见附录）：

$$\beta_{11}=\frac{\tau_{\varepsilon 1}}{\rho}\frac{\lambda_2(\Delta\beta_2\tau_{u2}+\rho)}{\lambda_2^2(\tau_2+\tau_{\varepsilon 1}+k\tau_{\varepsilon 2})+\tau_{i1}\tau_{u2}d^2(1+k^{-1}\tau_{i2}^{-1}\rho^2 Var_{i2}[x_{i2}])(\tau'^{-1}_{\delta}-\tau'^{-1}_{1})} \tag{3.29}$$

其中，$Var_{i2}[x_{i2}\mid s_{i1},z_1]=Var[x_{i2}\mid s_{i1},p_1]=\tau_{u2}^{-1}+\rho^{-2}k^2\tau_{\varepsilon 2}+\tau_{i1}^{-1}(\Delta\beta_2-\rho^{-1}k\tau_{\varepsilon 2})^2$。从定理 3.4 和式（3.29）可以看出，短期和长期交易者策略都受关联资产的历史价格的影响。$d=0$ 时，第一期市场中，长期交易者对私人信息的反应强度存在唯一值 $\rho^{-1}\tau_{\varepsilon 1}$，但短期交易者对私人信息反应强度 β_1 却可能存在多个解（如切斯帕（2002）指出，若 $\tau_{\varepsilon 2}=0$，则市场必存在两个均衡）。$d\neq 0$ 且两种类型交易者预期第二期交易者无法获取 p_1' 的信息时（$\tau_\delta'=\tau_1'$，$k=(\tau_\delta+d^2\tau_{i2})^{-1}\tau_\delta$），他们对私人信息反应强度分别为：

$$\frac{\tau_{\varepsilon 1}\Delta\beta_2\tau_{u2}}{\rho\lambda_2(\tau_2+\tau_{\varepsilon 1})}\text{和}\frac{\tau_{\varepsilon 1}(\Delta\beta_2\tau_{u2}+\rho)}{\rho\lambda_2(\tau_2+\tau_{\varepsilon 1}+k\tau_{\varepsilon 2})}$$

若 $\tau_{\varepsilon2}=0$ 且 τ'_{δ} 介于（0，+∞），则他们在第一期对私人信息的反应强度都存在两个均衡解，如图3.20所示。当他们预期第二期交易者利用 p'_1 进行交易时，则三重均衡都可能发生，且更容易出现在含短期交易的市场中，如图3.21～图3.22所示。图3.20～图3.22中，点划线表示长期交易者在第一期对私人信息的反应强度与 β_2 的关系。从图中可以看出，多重均衡存在时，短期

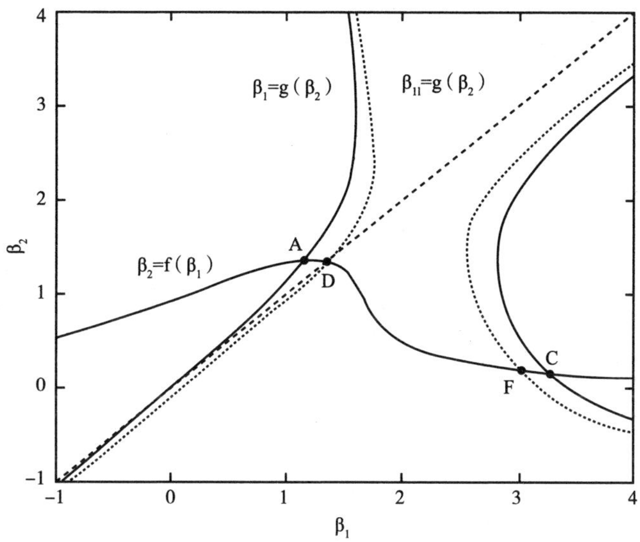

图3.20　短期与长期交易影响（$\beta_1'^2\tau'_{u1}=0$）

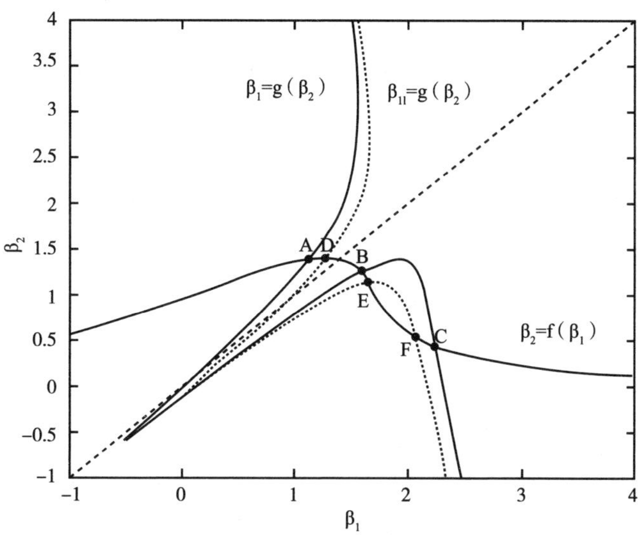

图3.21　短期与长期交易影响（$\beta_1'^2\tau'_{u1}=0.05$）

交易者在第一期对私人信息的反应强度的最小值和最大值总是分布在长期交易者的两侧，且在第二期的变化比长期交易者更剧烈；关联资产历史价格信息精度增加时，多重均衡首先在含长期交易者的市场中消失。从上述分析看出，不论交易者投资期限是哪种类型，只要资产清算价值受多个风险因子影响，多重均衡就容易发生；短期交易的存在加剧了该现象的发生。

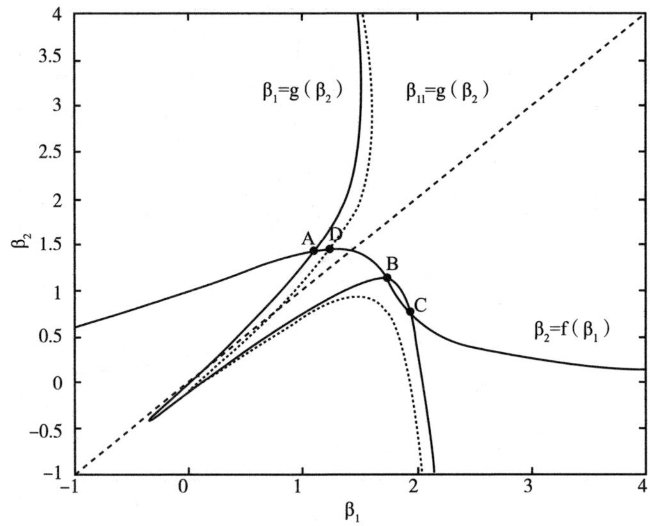

图 3.22 短期交易与长期交易（$\beta_1'^2\tau_{u1}'=0.1$）

3.7.4 不同均衡下的流动性和其他市场参数比较

从知情交易者的策略可以看出，他们的头寸包含不同投资动机，且所有动机通过交易都将反映到市场流动性中。第一期与第二期市场流动性参数分别为 λ_1 和 λ_2（$|\lambda|$越大，则流动性越小）。

无短期交易和多风险因子影响时，第 t 期市场流动性参数为（$\rho+\Delta\beta_t\tau_{ut}$）$/\tau_{it}$。$\rho/\tau_{it}$反映交易者为市场提供做市功能所要求的风险溢价补偿；$\Delta\beta_t\tau_{ut}/\tau_{it}$反映交易者面临的逆向选择风险。$\delta'$对 λ_{11}和 λ_2 有两个方面的影响：（1）导致资产 D 的交易者面临更大风险，要求更高的风险溢价补偿；（2）降低知情交易者信息优势，导致逆向选择风险与 δ'的精度呈非单调关系。比较 λ_{11}和 λ_1 发现，短期交易主要影响交易者对风险的预期，并不改变流动性参数的组成。由参数分析、数值算例和已有文献研究得到不同均衡的流动性参数比较结果，如推论 3.11 所示。

推论 3.11：存在三重均衡的两期市场中，满足：(1) $\lambda_{1A} > \lambda_{1B} > \lambda_{1C} > 0$；(2) $\lambda_{2A} > 0$、$\max\{\lambda_{2B}, \lambda_{2C}\} < 0$ 和 $\lambda_{2A} > |\lambda_{2B}| > |\lambda_{2C}|$。

从推论 3.11 可以看出，三重均衡存在时，A、B 和 C 三点在两期的流动性关系保持一致。所有均衡都具有预期自我实现性质时，若第一期市场处于流动性强的均衡，则第二期均衡的流动性也强于其他均衡，反之亦然。

在第二期，均衡点 B 和 C 的流动性参数都小于零，价格与总订单流呈负相关关系。当交易者观察到第一期均衡位于 B 点或 C 点时，则他们将在第二期降低持有头寸。若 $z_2 > 0$，交易者要么认为 δ 为负，要么认为流动性需求为正 ($u_2 > 0$)。这都使他们降低对资产未来收益的预期，导致 $\lambda_2 < 0$。

第 t 期知情交易者持有的期望头寸用 $E[|\Delta x_{it}|]$ 来表示。根据市场均衡结果得知情交易者第一期的期望持仓量为 $E[|x_{i1}|] = \sqrt{(2/\pi)(\tau_{u1}^{-1} + \beta_1^2\tau_{\varepsilon1}^{-1})}$，第二期的期望持仓量为 $E[|x_{i2}|] = \sqrt{(2/\pi)(\tau_{u1}^{-1} + \tau_{u2}^{-1} + \beta_2^2(\tau_{\varepsilon1} + \tau_{\varepsilon2})^{-1})}$。第二期的净交易量为 $E[|\Delta x_{i2}|] = E[|x_{i2} - x_{i1}|] = \sqrt{(2/\pi)(\tau_{u2}^{-1} + \Delta\beta_2^2(\tau_{\varepsilon1} + \tau_{\varepsilon2})^{-1}\tau_{\varepsilon1}^{-1}\tau_{\varepsilon2})}$。从表达式可以看出，不同均衡状态下的期望头寸和净交易量大小只受 β_1、β_2 和 $\Delta\beta_2$ 的影响。

推论 3.12：若两期市场存在多重均衡，则满足：(1) $E[|x_{i1A}|] < E[|x_{i1B}|] < E[|x_{i1C}|]$；(2) $E[|x_{i2A}|] > E[|x_{i2B}|] > E[|x_{i2C}|]$；(3) $E[|\Delta x_{i2A}|] < E[|\Delta x_{i2B}|] < E[|\Delta x_{i2C}|]$。

第 t 期均衡价格的信息含量用 $\mathrm{Var}^{-1}[v|p_t]$ 表示，两期均衡价格的信息含量分别为：$\mathrm{Var}^{-1}[v|p_1] = (\tau_1^{-1} + d^2\tau'^{-1}_{\delta})^{-1}$ 和 $\mathrm{Var}^{-1}[v|p_2] = (\tau_2^{-1} + d^2\tau'^{-1}_1)^{-1}$。比较 A、B 和 C 三点对应的价格信息含量得到推论 3.13。

推论 3.13：市场存在三重均衡且交易者从关联资产历史价格获得固定信息时，第 t 期价格信息含量满足：$\mathrm{Var}^{-1}[v|p_{tA}] < \mathrm{Var}^{-1}[v|p_{tB}] < \mathrm{Var}^{-1}[v|p_{tC}]$。

3.8 本章小结

交易者类型的设定是信息模型研究的基础。本章引入信息偏差交易者，令其收到含有信息偏差的信号并假设其交易目的为最大化个人效用。虽然他们的信号含有信息偏差，但他们并不能有效地观察信息偏差，其行为表现为对私人信息的过度反应。信息偏差交易者在一期市场和多期市场中交易行为一样，但是影响了市场均衡特性和知情交易者行为：价格的信息含量与知情交易者的信息精度的关系发生了变化、短期知情交易者的交易行为以及市场多重均衡。

知情交易者和信息偏差交易者都是长期交易者时，他们在单期和多期模型中的交易策略一样：需求计划均为私人信息与价格之差的倍数；反应强度与私人信息精度之和成正比，与交易者的风险厌恶系数成反比。信息偏差交易者的存在不影响第 n 期市场收到的新信息。均衡的市场价格是上一期价格与当期新信息的线性组合，新信息的权重为市场深度的倒数。市场深度的变化与两类交易者的信息精度和所占的比例有关：知情交易者信息精度低时，市场深度随知情交易者比例的增加而降低；知情交易者信息精度高时，市场深度在短期内与知情交易者比例表现为“U”形关系，在长期内随知情交易者比例的增加而增加。

知情交易者为短期投资者时，过度自信的交易者的存在使市场有出现多重均衡的可能。第一期知情交易者对私人信息的反应强度与第二期市场价格的信息含量相互依赖是市场多重均衡产生的原因。信息偏差交易者通过改变第二期价格的信息含量与第一期知情交易者对私人信息的反应强度的关系，从而影响市场均衡的唯一性。当它们为单调关系时，市场中存在唯一均衡；当它们为“U”形关系时，市场存在多重均衡的可能。不论是哪种均衡，只要知情交易者是短期投资者，那么其对私人信息的反应强度将低于长期投资者。

本章的创新之处是将噪声交易者从信息模型中剔除，引入信息偏差交易者。与以往的文献相比，对交易者类型的假设更为合理，然而模型的求解变得非常困难。本章的不足之处是多重均衡的存在性只给出了必要条件，其存在性只通过算例得出，并没有得到显性解。在本章的基础上还可以继续讨论信息偏差交易者为短期投资者时市场的均衡存在情况、非半强有效市场状态下的均衡、不同状态下市场中期望的交易量、动量效应和反转效应等问题。

接着，本章引入多资产定价问题，分析关联资产定价中的信息传导机制。通过构建资产清算价值受多个风险因子影响，短期交易者能从关联资产历史价格获取信息的动态理性预期模型，揭示了投资者预期自我实现的内在机理、短期交易与长期交易的差异、关联资产历史价格的作用以及不同均衡状态下的市场流动性、交易量等的变化。

对交易者而言，多个风险因子的存在增加了他们面临的风险，导致他们对私人信息的反应强度降低，进而降低均衡价格的信息含量。知情交易者已建仓的情况下（即第二期市场），多风险因子的存在既可能使他们持续加仓，也可能使他们大量建仓，市场存在多重均衡。含短期交易的两期动态模型中，第二期市场的多重均衡可能导致第一期交易者的预期无法实现，市场发生过度波动。

短期知情交易者存在多种交易策略：（1）第一期对私人信息的反应强度低，第二期持续增加对私人信息的反应强度；（2）第一期对私人信息的反应强度高，第二期大幅降低对私人信息反应强度；（3）介于前两者之间。当交易者策略不满足第二期多重均衡发生条件时，第二期均衡状态与交易者在第一期的预期一致，市场存在预期自我实现现象，否则无法保证交易者的预期一定能实现。

关联资产清算价值相互影响时，知情交易者在第一期的策略存在替代现象。关联资产的风险因子和历史价格信息都影响两期市场均衡状态：（1）带来的风险过低或过高时多重均衡不会发生，此时，知情交易者对私人信息反应强度与关联资产的风险因子呈负相关关系；（2）历史价格信息精度足够大时，两期的动态市场存在唯一均衡，知情交易者在第一（二）期对私人信息的反应强度与历史价格信息呈负（正）相关关系。

危机频发的金融市场严重挑战着传统的唯一均衡理论，多重均衡思想越来越受到学界和业界的重视。本部分从多个风险因子、短期交易和关联资产等角度出发，通过分析多重均衡存在时的交易者策略行为解释市场运行不稳定的内在机制，丰富了多重均衡的研究。

附录

定理3.4的证明：

第二期知情交易者策略为 $x_{i2}=\rho^{-1}\mathrm{Var}^{-1}[v\mid G_{i2}]E[v-p_2\mid G_{i2}]$。根据理性预期思想可知，知情交易者信息集 G_{i2} 等价于 $\{\tilde{s}_{i2}, z^2, z_1'\}$，$x_{i2}$ 可以整理为：

$$x_{i2}=\frac{E[\delta\mid\tilde{s}_{i2},z^2]+E[d\delta'\mid z_1']-p_2}{\rho(\mathrm{Var}[\delta\mid\tilde{s}_{i2},z^2]+\mathrm{Var}[d\delta'\mid z_1'])}\tag{3.30}$$

令 $\tau_1 = Var^{-1}[\delta \mid z_1] = \tau_\delta + \beta_1^2\tau_{u1}$，$\tau_{i1} = Var^{-1}[\delta \mid s_{i1}, z_1] = \tau_1 + \tau_{\varepsilon 1}$，$\tau_2 = Var^{-1}[\delta \mid z^2] = \tau_1 + \Delta\beta_2^2\tau_{u2}$，$\tau_{i2} = Var^{-1}[\delta \mid \tilde{s}_{i2}, z^2] = \tau_2 + \tau_{\varepsilon 1} + \tau_{\varepsilon 2}$，则 $E[\delta \mid \tilde{s}_{i2}, z^2] = \tau_{i2}^{-1}[\tau_2 E[\delta \mid z^2] + (\tau_{\varepsilon 1} + \tau_{\varepsilon 2})\tilde{s}_{i2}]$、$E[\delta \mid z^2] = \tau_2^{-1}(\beta_1\tau_{u1}z_1 + \Delta\beta_2\tau_{u2}z_2)$。代入式（3.30）为：

$$x_{i2} = \frac{(\tau_{\varepsilon 1} + \tau_{\varepsilon 2})\tau_{i2}^{-1}(\tilde{s}_2 - p_2) + \tau_2\tau_{i2}^{-1}(E[\delta \mid z^2] - p_2) + E[d\delta' \mid z_1']}{\rho(\tau_{i2}^{-1} + d^2\tau_1'^{-1})} \tag{3.31}$$

即得到 β_2。将式（3.31）代入第二期市场均衡条件得：

$$\beta_2(\delta - p_2) + \rho^{-1}k\tau_2(E[\delta \mid z^2] - p_2) + \rho^{-1}k\tau_{i2}E[d\delta' \mid z_1'] + u_1 + u_2 = 0 \tag{3.32}$$

等式左边 $+z_1 - z_1$ 并将 β_2 和 $E[\delta \mid z^2]$ 代入得到：

$$z_1 + z_2 - \rho^{-1}k\tau_{i2}p_2 + \rho^{-1}k\tau_2 E[\delta \mid z^2] + \rho^{-1}k\tau_{i2}E[d\delta' \mid z_1'] = 0 \tag{3.33}$$

因此，

$$p_2 = \frac{1 + \rho^{-1}k\Delta\beta_2\tau_{u2}}{\rho^{-1}k\tau_{i2}}z_2 + \frac{1 + \rho^{-1}k\beta_1\tau_{u1}}{\rho^{-1}k\tau_{i2}}z_1 + E[d\delta' \mid z_1'] \tag{3.34}$$

令 $\lambda_{11} = \frac{\rho + k\beta_1\tau_{u1}}{\rho\beta_1 + k\tau_1}$，整理 p_2 得 $p_2 = \lambda_2 z_2 + (1 - \lambda_2\Delta\beta_2)\lambda_{11}z_1 + E[d\delta' \mid z_1']$，其中，$\lambda_2 = \frac{\rho + k\Delta\beta_2\tau_{u2}}{k\tau_{i2}}$。

推论 3.6 和推论 3.7 的证明：

从 β_2 的形式容易得到 $\beta_2 \in [0, \rho^{-1}(\tau_{\varepsilon 1} + \tau_{\varepsilon 2})]$。将 $\beta_2 = \rho^{-1}k(\tau_{\varepsilon 1} + \tau_{\varepsilon 2})$ 整理为关于的 β_2 整式方程：

$$\beta_2^3 - 2\beta_1\beta_2^2 + \left(\beta_1^2 + \frac{\tau_1'/d^2 + \tau_{i1} + \tau_{\varepsilon 2}}{\tau_{u2}}\right)\beta_2 - \frac{(\tau_{\varepsilon 1} + \tau_{\varepsilon 2})\tau_1'}{\rho d^2\tau_{u2}} = 0 \tag{3.35}$$

左边记为 $H(\beta_2)$，则 $\partial H(\beta_2)/\partial\beta_2 = 3\beta_2^2 - 4\beta_1\beta_2 + [\beta_1^2 + \tau_{u2}^{-1}(\tau_1'd^{-2} + \tau_{i1} + \tau_{\varepsilon 2})]$。若 $H(\beta_2) = 0$ 存在三个解的必要条件是 $\partial H(\beta_2)/\partial\beta_2$ 的判别式大于 0，即满足式（3.26）。

第二期市场参数满足式（3.26）的前提下，$\partial H(\beta_2)/\partial\beta_2 = 0$ 存在两个

解：$(2\beta_1-\sqrt{\Delta})/3$ 和 $(2\beta_1+\sqrt{\Delta})/3$。此时，式（3.35）存在三个解的充要条件为：

$$\begin{cases}H((2\beta_1-\sqrt{\Delta})/3)>0\\H((2\beta_1+\sqrt{\Delta})/3)<0\end{cases}\tag{3.36}$$

即式（3.25）。令三个解从小到大分别为 β_{2L}、β_{2M} 和 β_{2H}，则 $\beta_{2L}\in(0,(2\beta_1-\sqrt{\Delta})/3)$、$\beta_{2M}\in((2\beta_1-\sqrt{\Delta})/3,(2\beta_1+\sqrt{\Delta})/3)$ 和 $\beta_{2H}\in((2\beta_1+\sqrt{\Delta})/3,\rho^{-1}(\tau_{\varepsilon1}+\tau_{\varepsilon2}))$。

定理 3.5 的证明：

短期交易者面临的第二期价格风险 $Var[p_2\mid p_1,s_{i1}]$ 等于 $Var[E[d\delta'\mid z_1']]$ 与 $Var[\lambda_2z_2\mid p_1,s_{i1}]$ 的和。其中，$Var[E[d\delta'\mid z_1']]=d^2({\tau'}_\delta^{-1}-{\tau'}_1^{-1})$，$Var[\lambda_2z_2\mid p_1,s_{i1}]=\lambda_2^2(\tau_2+\tau_{\varepsilon1})\tau_{i1}^{-1}\tau_{u2}^{-1}$。短期交易者对第二期价格的预期拆分为三部分：$E[\lambda_2z_2\mid p_1,s_{i1}]=\lambda_2\Delta\beta_2E[\delta\mid p_1,s_{i1}]=\lambda_2\Delta\beta_2\tau_{i1}^{-1}(\tau_1E[\delta\mid z_1]+\tau_{\varepsilon1}s_{i1})$，$E[E[d\delta'\mid z_1']\mid p_1,s_{i1}]=0$ 和 $E[z_1\mid p_1,s_{i1}]=z_1$。将上述结果代入短期交易者的第一期需求函数中即得到：

$$x_{i1}=\frac{\lambda_2\Delta\beta_2\tau_{u2}[\tau_{\varepsilon1}(s_{i1}-p_1)+\tau_1(E[\delta\mid z_1]-p_1)]+\tau_{u2}\tau_{i1}(1-\lambda_2\Delta\beta_2)(\lambda_{11}z_1-p_1)}{\rho[\lambda_2^2(\tau_2+\tau_{\varepsilon1})+\tau_{i1}\tau_{u2}d^2({\tau'}_\delta^{-1}-{\tau'}_1^{-1})]}\tag{3.37}$$

即为式（3.24）。代入市场出清条件 $\int_0^1x_{i1}di+u_1=0$ 中并整理 z_1 和 p_1 的系数得到：

$$p_1=\left[(1-\lambda_2\Delta\beta_2)\lambda_{11}+\frac{(\tau_{\varepsilon1}+\beta_1^2\tau_{u1})\lambda_2\Delta\beta_2}{\tau_{i1}\beta_1}\right]z_1\tag{3.38}$$

长期交易者的第一期交易策略证明：

第一期知情交易者为长期交易者时，收益为 $\pi_{i1}+\pi_{i2}$，代入 x_{i2} 得到其目标函数为：

$$\begin{aligned}\max_{x_{i1}}E[U\mid s_{i1},p_1]=&-E[\exp\{-\rho[(p_2-p_1)x_{i1}\\&+0.5\rho x_{i2}^2(\tau_{i2}^{-1}+d^2{\tau'}_1^{-1})]\}\mid s_{i1},p_1]\end{aligned}\tag{3.39}$$

将 $(p_2-p_1)x_{i1}+0.5\rho x_{i2}^2(\tau_{i2}^{-1}+d^2{\tau'}_1^{-1})$ 记作 ϕ_{i1}，则 ϕ_{i1} 为随机变量 $M=(x_{i2}-$

$\mu_2, p_2-\mu_1$）的二次型，$M \sim N(0,\sum)$。其中：

$$\Sigma = \begin{pmatrix} Var[x_{i2} \mid s_{i1},p_1] & Cov[x_{i2},p_2 \mid s_{i1},p_1] \\ Cov[x_{i2},p_2 \mid s_{i1},p_1] & Var[p_2 \mid s_{i1},p_1] \end{pmatrix}$$

$$\mu_1 = E[x_{i2} \mid s_{i1},p_1] = \frac{\beta_2\tau_{i2}}{\tau_{\varepsilon1}+\tau_{\varepsilon2}}(1-\lambda_2\Delta\beta_2)(E[\delta \mid s_{i1},p_1]-\lambda_{11}z_1) \quad (3.40)$$

$$\mu_2 = E[p_2 \mid s_{i1},p_1] = \lambda_2\Delta\beta_2 E[\delta \mid s_{i1},p_1]+(1-\lambda_2\Delta\beta_2)\lambda_{11}z_1 \quad (3.41)$$

$$Var[x_{i2} \mid s_{i1},p_1] = \tau_{u2}^{-1}+\rho^{-2}k^2\tau_{\varepsilon2}+\tau_{i1}^{-1}(\Delta\beta_2-\rho^{-1}k\tau_{\varepsilon2})^2$$

$$Cov[x_{i2},p_2 \mid s_{i1},p_1] = -\lambda_2[\tau_{u2}^{-1}+\tau_{i1}^{-1}\Delta\beta_2(\Delta\beta_2-\rho^{-1}k\tau_{\varepsilon2})]$$

$$Var[p_2 \mid s_{i1},p_1] = \tau_{i1}^{-1}\tau_{u2}^{-1}\lambda_2^2(\tau_2+\tau_{\varepsilon1})+d^2(\tau_\delta'^{-1}-\tau_1'^{-1})$$

ϕ_{i1}整理为矩阵形式为：$\varphi_{i1}=r+q'M+M'NM$，其中，$r=(\mu_2-p_1)x_{i1}+0.5\mu_1^2\rho(\tau_{i2}^{-1}+d^2\tau_1'^{-1})$，$q=(\mu_1\rho(\tau_{i2}^{-1}+d^2\tau_1'^{-1}),x_{i1})'$，$n_{11}=0.5\rho(\tau_{i2}^{-1}+d^2\tau_1'^{-1})$，$n_{12}=n_{21}=n_{22}=0$。代入式（3.39）求解期望得：

$$E[U \mid s_{i1},p_1] = -\left|\sum\right|^{-\frac{1}{2}}\left|\sum^{-1}+2\rho N\right|^{-\frac{1}{2}}\exp\{-\rho[r-0.5\rho q'(\sum+2\rho N)^{-1}q]\} \quad (3.42)$$

$E[U \mid s_{i1},p_1]$ 最大时，对 x_{i1}的一阶导为0，得到：

$$x_{i1} = \Phi_1(\mu_2-p_1)+\Phi_2\mu_1 \quad (3.43)$$

其中，

$$\Phi_1 = \frac{1}{\rho w_{22}}, \Phi_2 = -\frac{\rho w_{12}}{w_{22}k\tau_{i2}}$$

w_{ij} 表示矩阵 $W=(\sum^{-1}+2\rho N)^{-1}$ 中的元素。

$$W = \frac{1}{k\tau_{i2}+Var[x_{i2} \mid s_{i1},p]\rho^2}\left[k\tau_{i2}\sum+\begin{pmatrix}0 & 0\\ 0 & \rho^2\left|\sum\right|\end{pmatrix}\right]$$

$$\left|\sum\right| = \frac{k^2\lambda_2^2\tau_{\varepsilon2}\tau_{i2}}{\rho^2\tau_{u2}\tau_{i1}}+d^2\left(\frac{1}{\tau'_\delta}-\frac{1}{\tau'_1}\right)Var_{i2}[x_{i2}]$$

$$w_{12} = -\frac{\lambda_2\tau_{i2}^2(1-\rho^{-1}k\lambda_2\tau_{\varepsilon2})}{k\Omega}$$

$$w_{22} = \frac{\lambda_2^2\tau_{i2}[(\tau_2+\tau_{\varepsilon1})+k\tau_{\varepsilon2}]}{k\Omega}+d^2\left(\frac{1}{\tau'_\delta}-\frac{1}{\tau'_1}\right)$$

$$\Omega=\tau_{i2}\{\tau_{i2}[\lambda_2^2\tau_{i1}+(1-\lambda_2\Delta\beta_2)^2\tau_{u2}]+\tau_{i1}\tau_{u2}(k^{-1}-1)\}$$

将式（3.40）和式（3.41）代入式（3.43）整理得到长期交易者第一期对私人信息的反应强度：

$$\beta_1=\frac{\tau_{\varepsilon1}}{\rho}\frac{\lambda_2(\Delta\beta_2\tau_{u2}+\rho)}{\lambda_2^2(\tau_2+\tau_{\varepsilon1}+k\tau_{\varepsilon2})+\tau_{i1}\tau_{u2}d^2(1+k^{-1}\tau_{i2}^{-1}\rho^2\mathrm{Var}[x_{i2}\mid s_{i1},p_1])(\tau_\delta'^{-1}-\tau_1'^{-1})}$$

期望交易量的证明：

将式（3.20）和式（3.21）分别代入第一期和第二期的市场出清条件，得到：$\beta_1\delta-\varphi_1(p_1)+u_1=0$ 和 $\beta_2\delta-\varphi_2(p_1,p_2,p_1')+u_1+u_2=0$。因此，$\varphi_1(p_1)=z_1$，$\varphi_2(p_1,p_2,p_1')=\beta_2\delta\pm\beta_1\delta+u_1+u_2=z_1+z_2$，交易者在两期的策略整理为 $x_{i1}=\beta_1\varepsilon_{i1}-u_1$ 和 $x_{i2}=\beta_2(\tau_{\varepsilon1}+\tau_{\varepsilon2})(\tau_{\varepsilon1}\varepsilon_1+\tau_{\varepsilon2}\varepsilon_2)-u_1-u_2$。利用正态随机变量绝对值的期望公式（若 $Y\sim N(0,\sigma^2)$，则 $E[\mid Y\mid]=\sqrt{(2/\pi)\sigma^2}$）即可得到：

$$\begin{aligned}E[\mid x_{i1}\mid]&=\sqrt{(2/\pi)(\tau_{u1}^{-1}+\beta_1^2\tau_{\varepsilon1}^{-1})}\\E[\mid x_{i2}\mid]&=\sqrt{(2/\pi)(\tau_{u1}^{-1}+\tau_{u2}^{-1}+\beta_2^2(\tau_{\varepsilon1}+\tau_{\varepsilon2})^{-1})}\\E[\mid x_{i2}-x_{i1}\mid]&=\sqrt{(2/\pi)\left(\tau_{u2}^{-1}+\Delta\beta_2^2(\tau_{\varepsilon1}+\tau_{\varepsilon2})^{-1}\frac{\tau_{\varepsilon2}}{\tau_{\varepsilon1}}\right)}\end{aligned}\tag{3.44}$$

第4章　信息披露对市场有效性的影响

4.1　金融市场的透明度和信息披露

金融监管部门通常将透明性作为市场机制设计的目标之一，用于保证市场公正运行，提高市场有效性。国际证券交易所联盟（FIBV）于1998年在《市场原则》中指出，市场透明性是保证交易公平至关重要的因素，必须随时得到保障。尽管监管者为保证适度流动性可以决定提供不同程度的透明度，但不管什么机制的交易必须把其价格和数量的细节内容向交易所即时报告。刘逖（2011）指出，高度透明的市场是一个信息尽可能完全的市场，要求信息的时空分布无偏性，即信息能够即时、全面、准确并同时送达所有投资者。

对市场透明性影响的研究主要集中于流动性、有效性和波动性等方面，且目前关于透明性对市场质量影响的分歧较大。刘逖（2011）认为，缺乏流动性的市场容易出现买卖订单"一边倒"的现象，使市场流动性降低，而交易前获得买卖报价信息既能保证有效的价格发现，增强投资者以合适价格成交的信心，又能使更多投资者参与市场，提高流动性。交易后信息透明方面，胡达特等（Huddart et al.，2001）基于凯尔（1985）模型分析了交易后的信息透明（SEC规定，公司的内幕交易者在证券市场交易结束后必须披露交易的详细信息，比如公司的管理者或大股东）对市场影响的微观机理。他们指出，如果内幕交易者必须事后披露交易情况，那么他们有动机在订单中加入噪声交易量，用以迷惑其他投资者，强制性的信息披露提高了市场深度和信息有效性，并降低内幕交易者的期望收益。马达哈万（Madhavan，1996）指出，虽然高市场透明度增加了投资者对资产价值预期的准确性，但会造成价格过度波动和流动性的降低。大宗交易方面[①]，关于交易信息是否要延迟披露的争论很多。部分学者认为，即时公布大宗交易信息将使交易商不愿意提供流动性，导致大额订单的流动性降低，价差扩大。反对者指出，不透明的大宗交易完成后，资产价格会有临时性的反弹，为做市商带来额外收益，避免了其他做市商的竞争，使普通投资者利润受损。

刘逖（2011）从交易方式、市场集中程度、投资者结构、市场目标及技术限制五个角度总结影响市场透明性的主要因素。由于做市商需要以自有资金或存货承担交易风险，比一般投资者拥有更多信息，因而与做市商市场相比，电子竞价市场的交易前透明程度通常较高。在散户为主的市场中，单笔交易金额普遍较小，对市场价格的影响不大，交易前后的透明度较高。以机构投资者为主的市场中，结构投资者对均衡价格的影响较大，通常选择隐藏自己的大额订单（如冰山订单）。为提高流动性或保证市场公平，不同市场制定不同的信息披露政策。例如，纽约证券交易所规定，开盘和收盘期间，如果订单指令簿中买卖订单的不平衡超过一定程度或预期开盘价变化背离较大时，指定做市商必须公布订单指令簿中的买卖不平衡情况；泛欧交易所要求即时披露至少五个最佳买卖盘在每个价格上的数量和订单总个数信息。

除交易信息外，市场透明性还包括投资者通过合法公众渠道获得所需各种信息，如证券供求、公司年报及中期报告、市场监管以及财政、经济和金融的各项指标和政策、上市公司信息等。伊志宏等（2019）研究分析师负面信息披露指出，代理问题的存在使得管理层普遍拥有隐藏负面信息的动机，企业内外部的信息不对称则会加剧负面信息的积累，提高股票价格暴跌的风险，分析师报告的负面信息披露能够降低股价暴跌风险。袁知柱和鞠晓峰（2008）以中国上市公司为样本，依据股价波动非同步性指标度量股价信息含量，从公司层面考察会计信息质量对股价信息含量的影响，发现会计信息质量与股价信息含量显著正相关，高水平的信息披露意味着上市公司股票价格更加有效。刘志东和杨竞一（2016）以“上证 180”成分股中的上市公司的经营公告、财务报告以及证券分析师的股评为研究对象，分析股价波动与信息披露间的关系，发现经营公告是最具影响力的信息披露渠道，分析师报告并不是引起股价异常波动的重要信息。

中国证监会于 2006 年 12 月 31 日公布的《上市公司信息披露管理办法》

---

① 在大多数市场，大额订单的交易是通过私下协商进行的，交易透明度很低。

规定：发行人、上市公司应当真实、准确、完整、及时、公平地披露公司信息；信息披露主要包括定期报告和临时报告等；在内幕信息披露前，任何知情人不得公开或泄露该信息；上市公司应当披露的定期报告包括年度报告、中期报告和季度报告。凡是对投资者作出投资决策有重大影响的信息，均应当披露。信息披露是否有利于提升市场质量呢？上市公司披露的公开信息精度是否越大越好呢？另外，半强有效市场假说认为资产价格有效反应公开信息，然而，披露的信息以何种方式融入资产价格，如何影响交易者对私人信息的使用情况、改变市场的信息聚集效率呢？

莫里斯和茜恩（Morris and Shin，2002）从福利的角度分析公开信息的社会价值，得出私人信息价值非常低时，提高公开信息的精度可以增加社会福利；交易者拥有较高的私人信息时，提高公开信息精度可能会降低社会福利。斯文森（Svensson，2006）在莫里斯和茜恩（Morris and Shin，2002）的模型上展开深入讨论，认为莫里斯和茜恩（Morris and Shin，2002）的研究支持透明的市场制度，即应该增加市场中公开信息的精度。康南德和海涅曼（Cornand and Heinemann，2008）指出，市场中只有一部分交易者利用公开信息的前提下，公开信息精度的增加会提升社会福利。通过对公司持有异质信息的垄断竞争模型的研究，海尔维格（Hellwig，2005）发现公开信息精度的增加会降低价格偏差，提升社会福利；社会的最优状态是交易者放弃私人信息。科伦坡和费米尼斯（Colombo and Femminis，2014）在“选美比赛”的框架下引入具有精度上界的公开信息，其研究结论仍支持提升公开信息的精度。

然而，很多学者对于披露精确的公开信息持反对态度。阿马托等（Amato et al.，2002）认为上市公司或监管部门应该谨慎对待公开信息的披露。阿玛多尔和威尔（Amador and Weill，2010）的研究表明公开信息精度的增加会降低价格的信息含量，导致交易者福利的降低。詹姆斯和劳勒（James and Lawler，2011）反对市场信息过度透明，因为公开信息精度过高会导致交易者行为过度一致，从而减小交易者行为的波动性和期望效用。潘琦（Pancs，2014）在格洛斯腾和米尔格罗姆（Glosten and Milgrom，1985）的模型基础上研究公开信息的影响，发现精确的公开信息会危害市场质量，且危害程度随信息不对称程度的增加而增加。

上述研究均基于唯一的线性均衡探讨公开信息对市场的影响，且几乎所有研究均引入了信息外部性。此外，也有学者在研究公开信息的影响时引入了信息不对称和短期交易者等因素。陈旗等（2014）构建了存在信息不对称的短期交易者的市场模型，研究得出公开信息精度非常高时会增加价格的信息含量，反之则会降低价格的信息含量并且导致市场出现多重均衡。切斯帕和维夫斯（2015）在模型中也引入短期知情交易者，结论指出，私人信息精度高于公开信息精度时，回溯推断现象增强，高信息均衡不稳定；公开信息精度增加导致回溯推断现象减弱，高信息均衡消失，市场存在唯一的低信息均衡。

现有研究表明，信息外部性、短期交易以及信息不对称等现象都会改变公开信息对交易者福利、市场稳定性以及均衡唯一性的影响，然而没有文献从信息来源的角度研究。本章引入伯恩哈特和陶布（Bernhardt and Taub，2008）对风险资产清算价值的假设，令资产清算价值由两个基本面组成：公开信息来源于其中一个基本面，是上市公司及监管部门定期披露的信息；知情交易者私人信息来源于另一个基本面，是交易者利用网络媒体、公司内部人员等获得的信息。由于知情交易者只能收集一部分基本面信息，因此他们的私人信息在估计资产清算价值时是不充分的。切斯帕和维夫斯（2012）认为，知情交易者无法获知风险资产所有基本面价值的信息，故资产具有“残余不确定性”。本章发现当资产清算价值存在“残余不确定性”时，知情交易者具有反向交易的动机，市场出现多重均衡。公开信息精度的增加降低了知情交易者面临的不确定性水平及反向交易动机，致使多重均衡现象逐渐消失。

本书的突破点主要有以下两点：（1）引入理性预期模型证明反向交易现象随公开信息精度的增加而消失；（2）从均衡唯一性、流动性、技术分析等角度说明公开信息精度增加有利于市场稳定。

4.2　含公开信息披露的动态交易模型

4.2.1　模型假设

考虑两期市场中存在一个清算价值为 v 的风险资产，v 由两个相互独立的基本面 v_I 和 v_O 组成，其中，$v_I \sim N(0, \tau_I^{-1})$，$v_O \sim N(0, \tau_O^{-1})$，$v = v_I + v_O$。基本面 v_I 受地理位置、经济区位、产品竞争力等因素影响；基本面 v_O 为上市公司定期或临时披露的重大事项或财务信息，如年度报告、中期报告以及除定期报告以外的重大事项进展报告。该资产在第 t（t = 1，2）期的价格为

p_t，第二期交易结束后出清。

市场中存在两类交易者：噪声交易者和在［0，1］上可测的连续统型知情交易者。噪声交易者第 t 期提交的净需求量为 u_t，$u_t \sim N(0,\tau_{ut}^{-1})$，持有的总头寸 $\theta_1 = u_1$，$\theta_2 = u_1 + u_2$。第 i 个知情交易者在第 t 期收到关于基本面 v_I 的信息 $s_{it} = v_I + \varepsilon_{it}$，$\varepsilon_{it} \sim N(0,\tau_{\varepsilon t}^{-1})$ 且 $\int_0^1 \varepsilon_{it} di = 0$。可以证明，在估计 v 时，$\tilde{s}_{i2} = (\tau_{\varepsilon 1} + \tau_{\varepsilon 2})^{-1}(\tau_{\varepsilon 1} s_{i1} + \tau_{\varepsilon 2} s_{i2})$ 是 $\{s_{i1}, s_{i2}\}$ 的充分统计量。此外，知情交易者在第二期同时收到公司披露的公开信息 $s_P = v_O + \eta$，$\eta \sim N(0,\tau_P^{-1})$。知情交易者第一期的需求计划（广义的限价指令流）$x_{i1} = X(s_{i1}, p_1)$ 为私人信息和资产价格的函数，第二期的需求计划为 $x_{i2} = X(s_{i1}, s_{i2}, s_P, p_2)$ 为私人信息、公开信息和资产价格的函数。$\{v_I, v_O, \varepsilon_{it}, \varepsilon_P, u_t\}$ 中的所有随机变量相互独立（$i \in [0,1]$，t = 1，2）。

知情交易者拥有 CARA 型效用函数，效用的表达式为 $U(\pi_i) = -\exp(-\rho^{-1}\pi_i)$，ρ 为常风险容忍系数，$\pi_i$ 为投资利润。令知情交易者制定交易策略时以资产清算带来的效用最大为目标，那么他们的利润函数为 $\pi_{it} = (v - p_t)x_{it}$。最大化知情交易者的条件期望等价于：

$$\max_{x_{it}} E[(v - p_t) \mid G_t] x_{it} - \frac{1}{2}\rho Var[(v - p_t) \mid G_t] x_{it}^2 \tag{4.1}$$

其中，G_t 表示知情交易者的信息集，在第一期 $G_1 = \{s_{i1}, p_1\}$，在第二期 $G_2 = \{s_{i1}, s_{i2}, p_1, p_2, s_P\}$。式（3.18）的最优解为：

$$x_{it} = \frac{\rho E[(v - p_t) \mid G_t]}{Var[(v - p_t) \mid G_t]} \tag{4.2}$$

市场出清条件为交易者持有的头寸之和为零：

$$\int_0^1 x_{it} di + \theta_t = 0 \tag{4.3}$$

根据多维正态分布条件期望的仿射性可得，x_{i1}是私人信息和第一期资产价格的线性函数，x_{i2}是私人信息、公开信息、第一期价格和第二期价格的线性函数。令 $x_{i1} = \beta_1 s_{i1} + f(p_1)$，$x_{i2} = \beta_2 \tilde{s}_{i2} + \gamma s_P + h(p_1, p_2)$，其中，$f(p_1)$ 是 p_1 的线性函数，$h(p_1, p_2)$ 是 $\{p_1, p_2\}$ 的线性函数。根据式（4.2）和式（4.3）可知 p_1 是 $\beta_1 v_I + u_1$ 的线性函数，p_2 是 $\beta_1 v_I + u_1$、$\Delta\beta_2 v_I + u_2$ 和 s_P 的线性函数，因此，在估计 v 时，$\beta_1 v_I + u_1$ 是 p_1 的充分统计量，$\{\beta_1 v_I + u_1,$

$\Delta\beta_2 v_I + u_2$，$\gamma s_P\}$ 是 $\{p_1, p_2\}$ 的充分统计量（$\Delta\beta_2 = \beta_2 - \beta_1$）。知情交易者在第一期的信息集 G_1 等价于 $\{s_{i1}, \beta_1 v_I + u_1\}$，第二期的信息集 G_2 等价于 $\{\tilde{s}_{i2}, \beta_1 v_I + u_1, \Delta\beta_2 v_I + u_2, s_P\}$。

4.2.2 模型求解

上市公司的基本面分析包含多个层面，如行业地位分析、经济区位分析、产品竞争力分析、公司盈利能力分析等，因此，风险资产的清算价值由多个潜在基本面组成。虽然知情交易者并不能获得全部的基本面信息，例如公司正在进行的不确定性项目、未统计的财务数据等，但他们能准确地分析每个基本面信息的分布情况，知道 v_I 和 v_O 的精度。同时他们也能准确了解私人信息精度和公开信息精度。

本章中，从知情交易者收到的私人信息（公开信息）角度来看，$v_O(v_I)$ 是交易者面临的不确定部分。该部分精度无穷大时，知情交易者面临的不确定性消失，私人信息（公开信息）的精度最大。切斯帕和维夫斯（2012）模型中将知情交易者无法收到私人信息的基本面部分称为“残余不确定性”，为保持一致，本章将知情交易者面临 v_O 的不确定性称为“残余不确定性”。

根据知情交易者交易策略和市场出清条件可以得到第一期市场均衡，均衡状态如定理 4.1 所述。

定理 4.1：第一期市场存在唯一的线性均衡，知情交易者提交的需求计划为：

$$x_{i1} = \beta_1 s_{i1} - \frac{p_1}{\lambda_1} \tag{4.4}$$

市场均衡价格为：

$$p_1 = \lambda_1(\beta_1 v_I + u_1) \tag{4.5}$$

其中，$\beta_1 = \rho\tau_{\varepsilon1}\mathrm{Var}[v_I \mid G_1]\mathrm{Var}[v \mid G_1]^{-1}$，$\mathrm{Var}[v_I \mid G_1] = (\tau_I + \beta_1^2\tau_{u1} + \tau_{\varepsilon1})^{-1}$，$\lambda_1 = \rho^{-1}\mathrm{Var}[v \mid G_1] + \beta_1\tau_{u1}\mathrm{Var}[v_I \mid G_1]$，$\mathrm{Var}[v \mid G_1] = \mathrm{Var}[v_I \mid G_1] + \tau_O^{-1}$。

β_1 表示知情交易者在第一期对私人信息的反应强度，从表达式可以看出 a_I、τ_O、$\tau_{\varepsilon1}$ 和 τ_I 都影响 β_1。令 β_1 分别对 ρ、τ_O、$\tau_{\varepsilon1}$ 和 τ_I 求偏导，可证得 $\partial\beta_1/\partial\rho > 0$，$\partial\beta_1/\partial\tau_O > 0$，$\partial\beta_1/\partial\tau_{\varepsilon1} > 0$ 以及 $\partial\beta_1/\partial\tau_I < 0$，说明知情交易者对私人信息的反应强度随风险容忍系数，基本面 v_O 的精度和私人信息 ε_1 的精

度增加而增加，随着基本面 v_I 的精度的增加而减小。这是由于风险容忍系数增加意味着交易者更愿意承担风险，τ_O 和 $\tau_{\varepsilon 1}$ 的增加说明知情交易者的信息优势增强，而 τ_I 的增加意味着交易者的信息优势降低。知情交易者信息精度 $\tau_{\varepsilon 1}$ 无限大时，β_1 的极限为 $\rho\tau_O$；基本面 v_O 的精度无限大时，β_1 的极限为 $\rho\tau_{\varepsilon 1}$。因此，$\beta_1 < \min\{\rho\tau_O, \rho\tau_{\varepsilon 1}\}$。

λ_1 表示市场的非流动性，是市场深度的倒数，反映了市场中噪声交易对均衡价格的影响，即市场流动性大小。λ 越大（小），市场流动性越低（高）。λ_1 由两部分组成：$\rho^{-1}[(\tau_I + \beta_1^2\tau_{u1} + \tau_{\varepsilon 1})^{-1} + \tau_O^{-1}]$ 和 $(\tau_I + \beta_1^2\tau_{u1} + \tau_{\varepsilon 1})^{-1}\beta_1\tau_{u1}$。$\rho^{-1}[(\tau_I + \beta_1^2\tau_{u1} + \tau_{\varepsilon 1})^{-1} + \tau_O^{-1}]$ 为风险厌恶的知情交易者承担做市商功能时要求的风险溢价补偿，当风险容忍系数无穷大时（交易者为风险中性）该部分为零，风险溢价消失。$(\tau_I + \beta_1^2\tau_{u1} + \tau_{\varepsilon 1})^{-1}\beta_1\tau_{u1}$ 反映了知情交易者面临的逆向选择风险，即交易者面临的价格变化受知情交易者的行为影响。

在股票市场中，交易者每时每刻都在对公司基本面进行分析，而上市公司或监管部门的公开信息一般选择定期发布，所以知情交易者每期都能获得私人信息，而公开信息只在第二期获得。与私人信息相比，公开信息 s_P 的获得无须任何成本，它是公司根据市场规则定期披露的信息。根据知情交易者交易策略和市场出清条件可得第二期市场均衡状态，如定理 4.2 所示。

定理 4.2：第二期市场存在线性均衡，均衡时知情交易者的需求计划为：

$$x_{i2} = \beta_2 \tilde{s}_{i2} + \gamma s_P - \frac{p_2}{\lambda_2} + \frac{p_1}{\lambda_1}\frac{\lambda_2^* - \lambda_2}{\lambda_2} \tag{4.6}$$

市场均衡价格为：

$$p_2 = \lambda_2(\Delta\beta_2 v_I + u_2 + \gamma s_P) + \frac{p_1\lambda_2^*}{\lambda_1} \tag{4.7}$$

其中，$\beta_2 = \rho(\tau_{\varepsilon 1} + \tau_{\varepsilon 2})\mathrm{Var}[v_I \mid G_2]\ \mathrm{Var}[v \mid G_2]^{-1}$，$\gamma = \tau_P(\tau_O + \tau_P)^{-1}\lambda_2^{-1}$，$\lambda_2 = \rho^{-1}\mathrm{Var}[v \mid G_2] + \Delta\beta_2\tau_{u2}\mathrm{Var}[v_I \mid G_2]$，$\lambda_2^* = \rho^{-1}\mathrm{Var}[v \mid G_2] + \beta_1\tau_{u1}\mathrm{Var}[v_I \mid G_2]$，$\mathrm{Var}[v_I \mid G_2] = [\tau_I + \sum_{t=1}^{2}(\tau_{\varepsilon t} + \Delta\beta_t^2\tau_{ut})]^{-1}$，$\mathrm{Var}[v \mid G_2] = \mathrm{Var}[v_I \mid G_2] + (\tau_O + \tau_P)^{-1}$，$\Delta\beta_2 = \beta_2 - \beta_1$。

公开信息对知情交易者交易策略的影响有两个方面：（1）影响交易者对私人信息的反应强度 β_2；（2）使需求计划包含公开信息。这两个影响通过市场交易最终体现在价格上。市场均衡时，知情交易者私人信息中的噪声通过市场聚集作用消失，基于私人信息交易的行为在价格中表现为 $\Delta\beta_2 v_I$；然而公开信息中的噪声却无法通过市场的聚集作用消除，最终公开信息的噪声也反映在均衡价格中。因此，私人信息的过度偏离基本面不会使均衡价格发生严重偏离，而公开信息一旦与基本面偏离过度会使均衡价格发生严重偏离。

知情交易者在第二期市场中对私人信息的反应强度与第一期类似，不同之处为交易者在第二期收到了公开信息。公开信息对知情交易者直接的影响是降低他们面临的“残余不确定性”（即基本面 v_0 的条件方差），进而影响他们对私人信息的反应强度。若公开信息的精度无穷大，则知情交易者面临 v_0 的“残余不确定性”消失，对私人信息的反应强度为 $\rho(\tau_{\varepsilon1}+\tau_{\varepsilon2})$；若私人信息精度无穷大，则知情交易者面临 v_I 的不确定性消失，对私人信息的反应强度为 $\rho(\tau_0+\tau_P)$。因此，$\beta_2\leqslant\min\{\rho(\tau_{\varepsilon1}+\tau_{\varepsilon2}),\rho(\tau_0+\tau_P)\}$。

不确定水平降低既影响知情交易者对私人信息的反应强度，同时也影响第二期市场流动性。在 λ_2 中，风险溢价补偿为 $\rho^{-1}\mathrm{Var}[v\mid G_2]$，整理得：

$$\rho^{-1}(\tau_0+\tau_P)^{-1}+\rho^{-1}[\tau_I+\tau_{\varepsilon1}+\tau_{\varepsilon2}+\beta_1^2\tau_{u1}+\Delta\beta_2^2\tau_{u2}]^{-1} \tag{4.8}$$

式（4.8）中第一部分是知情交易者为承担基本面 v_0 的不确定性而要求的风险溢价补偿，随着公开信息精度的增加，该基本面的不确定性逐渐降低，因而交易者要求的风险溢价补偿逐渐降低。式（4.8）的第二部分是知情交易者为承担基本面 v_I 的不确定性而要求的风险溢价补偿，公开信息并不直接影响该部分，而是通过改变交易者对私人信息的净反应强度来影响基本面 v_I 的不确定性水平。

从式（4.6）看出，第一期和第二期的价格都影响知情交易者的需求计划，说明第二期价格没有完全吸收第一期价格的信息，技术分析有效。$(\lambda_2^*-\lambda_2)/\lambda_2$ 反映了第二期市场中技术分析的重要程度。从表达式可以看出，公开信息的发布可以改变知情交易者对技术分析的依赖程度。

第二期均衡中，$\Delta\beta_2 v_I+u_2+\gamma s_P$ 为市场吸收的新信息，分别由知情交易者、噪声交易者和上市公司的行为导致的。在新信息中，$\Delta\beta_2 v_I+u_2$ 源于知情交易者的私人信息和市场中的噪声交易，市场均衡价格对这部分信息的反应强度取决于第二期市场的非流动性参数 λ_2；s_P 源于上市公司释放的公开信息，均衡价格对公开信息的反应强度 $\lambda_2\gamma=(\tau_0+\tau_P)^{-1}\tau_P$，只与基本面 v_0 和公开信息 s_P 的精度有关，且公开信息对均衡价格的影响与 τ_P 正相关。

4.3 公开信息对市场均衡的影响

4.3.1 单一均衡还是多重均衡?

一般而言，知情交易者存在两种获利方式：持少量资产获得较高收益率和持大量资产获得较低收益率，在不同的方式下，知情交易者效用相同但对私人信息的反应强度不同，因而市场存在多重均衡的可能。由定理4.1得，β_1 是方程 $\beta_1^3\tau_{u1}+(\tau_O+\tau_I+\tau_{\varepsilon1})\beta_1-\rho\tau_O\tau_{\varepsilon1}=0$ 的唯一实数根，即第一期市场存在唯一线性均衡。切斯帕和维夫斯（2012）指出，“残余不确定性”的存在会导致第二期市场产生多重均衡。本部分中公开信息的发布降低了知情交易者面临的不确定性水平，因此，本章预测公开信息的存在将降低市场多重均衡发生的概率。根据定理6.2可得，知情交易者对私人信息的反应强度 β_2 是式（4.9）的解。

$$\frac{\beta_2^3\tau_{u2}-2\beta_1\tau_{u2}\beta_2^2+(\beta_1^2\tau_{u2}+\beta_1^{-1}\rho\tau_O\tau_{\varepsilon1}+\tau_P+\tau_{\varepsilon2})\beta_2}{\rho(\tau_O+\tau_P)(\tau_{\varepsilon1}+\tau_{\varepsilon2})}=1 \tag{4.9}$$

判断式（4.9）根的存在情况得到市场存在三重均衡的条件如下：

$$-2\tau_{u2}\sqrt{\Delta^3}<2\beta_1^3\tau_{u2}+18\beta_1(\tau_P+\tau_{\varepsilon2})+18\rho\tau_O\tau_{\varepsilon1}-27A<2\tau_{u2}\sqrt{\Delta^3} \tag{4.10}$$

$$\Delta=\beta_1^2-3\left(\frac{\rho\tau_O\tau_{\varepsilon1}}{\beta_1\tau_{u2}}+\frac{\tau_P+\tau_{\varepsilon2}}{\tau_{u2}}\right)>0 \tag{4.11}$$

其中，$A=\rho(\tau_O+\tau_P)(\tau_{\varepsilon1}+\tau_{\varepsilon2})$。令式（4.10）和式（4.11）满足时，式（4.9）的解从小到大依次为 β_2^{min}、β_2^{mid} 和 β_2^{max}，它们分别介于 $\left(0,\ \frac{2\beta_1-\sqrt{\Delta}}{3}\right)$、$\left(\frac{2\beta_1-\sqrt{\Delta}}{3},\ \frac{2\beta_1+\sqrt{\Delta}}{3}\right)$ 和（β_1，$+\infty$）（证明见本章附录）。从均衡解的取值范围可以看出，知情交易者对私人信息反应强度 β_2^{min} 和 β_2^{mid} 都低于 β_1，净反应强度 $\Delta\beta_2<0$，此时市场交易低迷，交易者采取反向交易策略。这两种均衡状态下，第二期价格与基本面 v_I 呈负相关关系。与 β_2^{min} 和 β_2^{mid} 不同，在知情

交易者对私人信息的反应强度为 β_2^{max} 的均衡下 $\Delta\beta_2$ 总是大于0，市场不存在反向交易行为，均衡价格与基本面 v_I 正相关。此外，基本面 v_O 的不确定水平的降低最终使均衡解 β_2^{min} 和 β_2^{mid} 消失。根据上述描述得到推论4.1。

推论4.1：市场存在多重均衡时，交易者具有反向交易的动机；随着公开信息精度的增加，市场多重均衡发生概率和交易者反向交易程度逐渐降低，最终市场存在唯一线性均衡且反向交易现象消失。

知情交易者采取反向操作策略时，均衡价格偏离资产清算价值，市场呈现长期低迷状态，切斯帕和维夫斯（2015）将这种状态称为"低信息均衡"。上市公司或监管部门发布精确的公开信息后，均衡价格逐渐回归资产真实价值，市场处于正常交易状态。

根据推论4.1得到，市场存在唯一均衡时，式（4.9）的解只有 β_2^{max}。令 β_2 对 τ_P 求导，通过判断导函数的符号可得公开信息对知情交易者反应强度影响。

推论4.2：市场在唯一均衡和 $\beta_2=\beta_2^{max}$ 的均衡下，公开信息的精度会产生如下影响：(1) 知情交易者对私人信息的反应强度增大；(2) 市场中期望交易量增加。

4.3.2　市场流动性分析

流动性既反映了市场均衡状态下交易者活跃程度，又反映了交易者的交易成本。在定理4.1和定理4.2中，λ_1^{-1} 和 λ_2^{-1} 衡量了均衡状态下的市场流动性水平，它们由两部分组成：风险溢价补偿和逆向选择风险，市场中不存在反向交易时（$\Delta\beta_2>0$），这两部分的增加都将降低市场流动性水平。本部分的研究均在 $\Delta\beta_2>0$ 的前提下展开。

基本面 v_O 增加了知情交易者面临的"残余不确定性"水平，产生两个方面的影响：降低知情交易者对私人信息的（净）反应强度和增加知情交易者面临的风险。从市场非流动性参数可以看出，这两个方面都将增加 λ_t 中知情交易者要求的风险溢价补偿。然而，知情交易者面临的逆向选择风险只受前者影响，而不受后者影响。记第二期非流动性参数中交易者面临的逆向选择风险为 $ASR=\Delta\beta_2\tau_{u2}Var[v_I|G_2]$，整理得：

$$ASR=\left(\frac{\tau_I+\tau_{\varepsilon1}+\tau_{\varepsilon2}+\beta_1^2\tau_{u1}}{\Delta\beta_2\tau_{u2}}+\Delta\beta_2\right)^{-1} \tag{4.12}$$

从式（4.12）看出，$\Delta\beta_2$ 介于（0，$\sqrt{\tau_{u2}^{-1}(\tau_I+\tau_{\varepsilon1}+\tau_{\varepsilon2}+\beta_1^2\tau_{u1})}$）时，ASR 与 $\Delta\beta_2$ 呈正相关关系，基本面 v_0 的不确定性越大，知情交易者面临的逆向选择风险越小，此时公开信息的披露会增加知情交易者面临的逆向选择风险；$\Delta\beta_2$ 介于（$\sqrt{\tau_{u2}^{-1}(\tau_I+\tau_{\varepsilon1}+\tau_{\varepsilon2}+\beta_1^2\tau_{u1})}$，$+\infty$）时，ASR 与 $\Delta\beta_2$ 呈负相关关系，此时知情交易者面临的逆向选择风险与 v_0 的不确定性水平正相关，公开信息的披露会降低知情交易者面临的逆向选择风险。

对市场参数做以下赋值：$\rho=10$、$\beta_1=8$、$\tau_{\varepsilon1}=5$、$\tau_0=5$ 以及 $\tau_{u2}=5$，比较第二期信息精度 $\tau_{\varepsilon2}$ 在不同取值下公开信息精度对市场流动性的影响。

在图 4.1 中，$\tau_{\varepsilon2}$ 分别取 {1，5，9} 中的元素。当知情交易者拥有的私人信息精度和公开信息精度都非常低时，随着公开信息精度的增加，交易者面临的逆向选择风险增加且大于风险溢价补偿的减小值，表现为市场流动性随公开信息精度的增加而降低（图 4.1 中点划线下降的部分）。随着公开信息精度的增加，公开信息精度足够大时，逆向选择风险的增速逐渐降低，而对风险溢价补偿成为公开信息影响流动性的主要部分，此时市场流动性随公开信息精度的增加而增加（图 4.1 中点划线上升的部分）。知情交易者的私人信息精度非常高时，$\Delta\beta_2$ 总是介于（$\sqrt{\tau_{u2}^{-1}(\tau_I+\tau_{\varepsilon1}+\tau_{\varepsilon2}+\beta_1^2\tau_{u1})}$，$+\infty$），此时公开信息的披露同时降低交易者要求的风险溢价补偿和面临的逆向选择风险，表现为市场流动性随公开信息精度的增加而增加（图 4.1 中实线）。

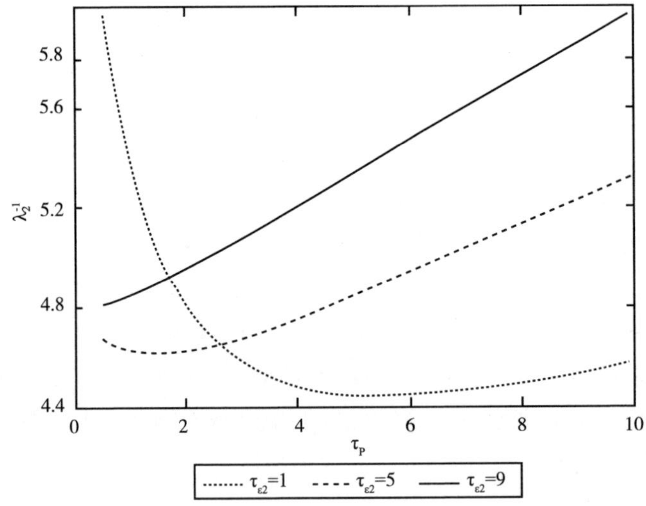

图 4.1 不同 $\tau_{\varepsilon2}$ 下公开信息对市场流动性影响

4.3.3 技术分析的重要性

由于第二期均衡价格无法反映历史信息，因而知情交易者会通过技术分析得到第一期价格中的信息。在定理4.2中，p_1/λ_1 为交易者技术分析的结果，$(\lambda_2^* - \lambda_2)/\lambda_2$ 为交易者对技术分析的系数，记 $TA = (\lambda_2^* - \lambda_2)/\lambda_2$。TA反映了技术分析对投资者的影响程度：$|TA|$ 越大，技术分析的重要性越高；$|TA|$ 越小，技术分析的重要性越低；$TA>0$，则知情交易者策略与技术分析结果正相关；$TA<0$，则知情交易者策略与技术分结果负相关。

将 λ_2 和 λ_2^* 的表达式代入TA得到：

$$TA = \frac{(\beta_1\tau_{u1} - \Delta\beta_2\tau_{u2})Var[v_I \mid G_2]}{\rho^{-1}Var[v \mid G_2] + \Delta\beta_2\tau_{u2}Var[v_I \mid G_2]} \tag{4.13}$$

从式（4.13）看出，知情交易者对技术分析的依赖程度与第二期市场流动性和逆向选择风险的变化有关。其中，$\beta_1\tau_{u1}Var[v_I \mid G_2]$ 为知情交易者利用第二期信息分析得到的他们在第一期面临的逆向选择风险；$\Delta\beta_2\tau_{u2}Var[v_I \mid G_2]$ 为知情交易者在第二期通过理性预期得到的他们将要面临的逆向选择风险。市场存在多重均衡且 $\Delta\beta_2<0$ 时，知情交易者采取反向操作策略，此时TA总是大于零，知情交易者交易策略与技术分析结果始终正相关。市场存在唯一均衡时，$\Delta\beta_2>0$，此时TA的符号取决于 β_1、τ_{u1}、$\Delta\beta_2$ 和 τ_{u2}。由于市场不存在交易现象时，$\Delta\beta_2$ 始终大于零，因此，本书只考虑 $\Delta\beta_2>0$ 的情况。

与市场流动性分析类似，对市场参数做以下赋值：$\rho=10$、$\tau_I=1$、$\tau_{u1}=5$、$\tau_{\varepsilon1}=5$、$\tau_O=5$ 以及 $\tau_{u2}=5$，分析知情交易者在第二期收到不同精度的私人信息时，公开信息对技术分析的影响。

图4.2中，$\tau_{\varepsilon2}$ 取 $\{1, 5, 9\}$ 中的元素。随着知情交易者信息精度的增加，交易者在第二期面临的逆向选择风险逐渐增加，因此，TA随着 $\tau_{\varepsilon2}$ 逐渐降低。从图4.2中的三条曲线可以看出，TA总是随着公开信息精度的增加而降低。私人信息 s_{i2} 和公开信息 s_P 都是通过增加 $\Delta\beta_2$ 影响知情交易者对技术分析依赖程度。

本部分同时分析了在不同的 τ_{u1}、τ_{u2}、$\tau_{\varepsilon1}$、τ_O 和 τ_I 的值下公开信息对技术分析的影响程度。通过数值分析得出，TA随着 τ_{u1}、$\tau_{\varepsilon1}$ 和 τ_O 的增加而增

加，随着 τ_{u2} 和 τ_I 的增加而减小。然而，不论在哪种情况下，TA 总是随着公开信息精度的增加而降低。

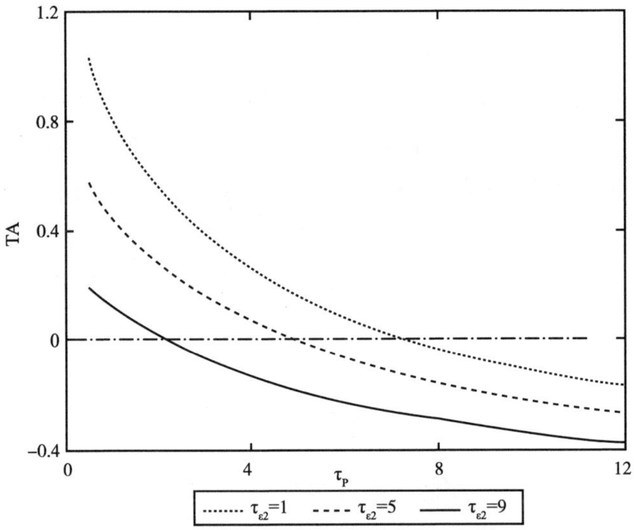

图 4.2　不同 $\tau_{\varepsilon 2}$ 下公开信息对市场流动性影响

4.4　含短视投资者的信息披露模型

从 4.3 节看出，投资者具有长期投资期限时，精确地公开信息有利于降低投资者交易的不确定性，提高市场流动性。如果投资者具有短视性，公开信息披露是否会提高信息聚集效率，改善市场均衡质量，使市场处于稳定均衡？为解决这一问题，我们重新考虑投资者只关注下一期价格时的均衡，同时公开信息在第一期交易发生前公布。

两期市场存在一个清算价值为 v 的风险资产（例如股票），v 仍然由两个潜在基本面 v_I 和 v_O 组成，即 $v = v_I + v_O$，其中，$v_I \sim N(0, \tau_I^{-1})$，$v_O \sim N(0, \tau_O^{-1})$。$v_I$ 由公司内在发展情况决定，反映股利水平，理性的投资者通过分析公司财务报表和公告等可以获得该基本面的部分信息。v_O 体现与公司经营无关的其他因素冲击，如宏观调控政策、国际经济环境等。这些影响因素通常由行业研究员、宏观政策研究员或政策制定者等向市场披露，故令第一期交易发生前存在特定机构向市场披露信息 $s_P = v_O + \eta$，其中 $\eta \sim N(0, \tau_\eta^{-1})$。由于多个潜在基本面通常在不同时期被市场揭示，因此，令 v_0 在第二期交易发生前被揭示，v_I 在第二期交易发生后被揭示。

该资产在两类投资者间交易：区间［0，1］上可测得连续统型知情交易者和噪声交易者。知情交易者为风险厌恶型投资者，效用函数形式为 $U_t = -\exp\{-\rho\pi_t\}$，ρ 为风险厌恶系数，$\pi_t$ 为第 t 期交易的利润函数。知情交易者 $i(i\in[0,1])$ 在第 $t(t\in\{1,2\})$ 期获得关于 v_I 的不完全信息 $s_{it} = v_I + \varepsilon_{it}$，其中，$\varepsilon_{it} \sim N(0,\tau_{\varepsilon t}^{-1})$ 且 $\int_0^1 \varepsilon_{it} di = 0$。基于可得信息，交易者 i 在第 t 期提交最优需求计划 x_{it} 以最大化期望效用。噪声交易者出于流动性需求，第 t 期提交不依赖价格的总需求 $u_t \sim N(0,\tau_u^{-1})$。均衡状态下，两类交易者所持头寸之和为零，即均衡价格满足如下等式：

$$\int_0^1 x_{i1} di + u_1 = 0 \tag{4.14}$$

$$\int_0^1 x_{i2} di + u_1 + u_2 = 0 \tag{4.15}$$

其中，x_{i1} 为 p_1 的函数，x_{i2} 为 $\{p_1, p_2\}$ 的函数，p_1 和 p_2 分别是风险资产在两期市场的均衡价格。此外，令 $p_3 = v$ 且集合 $\{v_I, v_O, \eta, \varepsilon_{it}, u_t\}$ 中的随机变量相互独立。

从交易过程可以看出，知情交易者利润源自两个阶段：第一期建仓并在第二期平仓；第二期建仓并持有至资产清算。知情交易者 i 在两阶段的利润函数分别为 $\pi_{i1} = (p_2 - p_1)x_{i1}$ 和 $\pi_{i2} = (p_3 - p_2)x_{i2}$。制定交易策略时，以整个资产存续期为交易期限的投资者会同时考虑当期和下期利润之和，其第二期交易时只需调整头寸而无须平仓。切斯帕和维夫斯（2012）在三期市场已对此类投资者的交易策略及对市场的影响进行详细阐述。真实的交易市场中，投资者由于流动性需求、短期业绩需求和对未来不确定性的厌恶等因素只关注短期交易策略带来的利润。因此，本书在知情交易者投资具有短视性的前提下展开，分析短视性与信息披露对投资者策略和市场均衡的影响①。将利润函数代入并最大化知情交易者效用函数得到知情交易者 i 在第 t 期的头寸为：

---

① 投资者的短视性有两种：（1）出于某种原因需要在第二期离开市场；（2）虽然长期存在于市场中，但对未来利润不敏感。为方便计算，令第二期市场中进入的知情交易者人数与离开的人数相同。

$$x_{it}=\frac{E[p_{t+1}-p_t \mid G_{it}]}{\rho Var[p_{t+1}-p_t \mid G_{it}]} \tag{4.16}$$

其中，G_{it}为交易者的信息集。由于理性预期框架下，投资者准确了解市场订单与均衡价格间的映射关系，因此，G_{it}包含价格信息。综合知情交易者的信息可知：$G_{i1}=\{s_{i1},p_1,s_P\}$，$G_{i2}=\{s_{i1},s_{i2},p_1,p_2,v_o\}$①。

由式（4.16）和正态分布条件期望性质可知，x_{it}是G_{it}中随机变量的线性函数。令知情交易者策略为$x_{i1}=a_1s_{i1}+b_1s_p-c_1p_1$和$x_{i2}=a_2\tilde{s}_{i2}+b_2v_o-c_2p_1-d_2p_2$，其中，$\tilde{s}_{i2}=(\tau_{\varepsilon1}+\tau_{\varepsilon2})^{-1}(\tau_{\varepsilon1}s_{i1}+\tau_{\varepsilon2}s_{i2})$。将$x_{i1}$代入式（4.14）整理得$p_1=c_1^{-1}(a_1v_1+b_1s_p+u_1)$，因此，信息集$G_{i1}$等价于$\{s_{i1},z_1,s_P\}$，其中，$z_1=a_1v_I+u_1$。将$x_{i2}$代入式（4.15）整理得$p_2=d_2^{-1}(\Delta a_2v_I+b_2v_O-c_2p_1+z_1+u_2)$，因此，信息集$G_{i2}$等价于$\{\tilde{s}_{i2},z_1,z_2,v_O\}$，其中，$z_2=\Delta a_2v_O+u_2$，$\Delta a_2=a_2-a_1$。基于信息集$\{\tilde{s}_{i2},z_1,z_2,v_O\}$可得：

$$x_{i2}=a_2\tilde{s}_{i2}+\rho^{-1}(a_1\tau_uz_1+\Delta a_2\tau_uz_2)+\rho^{-1}\tau_{i2}(v_o-p_2) \tag{4.17}$$

其中，$a_2=\rho^{-1}(\tau_{\varepsilon1}+\tau_{\varepsilon2})$，$\tau_{i2}=Var[v_1 \mid \tilde{s}_{i2},z_1,z_2]^{-1}=\tau_I+\tau_{\varepsilon1}+\tau_{\varepsilon2}+(a_1^2+\Delta a_2^2)\tau_u$。将式（4.17）代入式（4.15）整理得：

$$p_2=\tau_{i2}^{-1}(a_1\tau_u+\rho)z_1+\lambda_2z_2+v_o \tag{4.18}$$

其中，$\lambda_2=(\Delta a_1\tau_u+\rho)/\tau_{i2}$。

短期知情交易者的第一期交易策略取决于$E[p_2-p_1 \mid G_{i1}]$和$Var[p_2-p_1 \mid G_{i1}]$，前者为基于私人信息对短期价格波动的预期值，后者为已知私人信息的时面临的价格波动风险。由于G_{i1}包含$\{p_1\}$，所以两者分别等价于$E[p_2 \mid G_{i1}]-p_1$和$Var[p_2 \mid G_{i1}]$。将p_2分别代入$E[p_2 \mid G_{i1}]$和$Var[p_2 \mid G_{i1}]$并整理得：$E[p_2 \mid G_{i1}]=\tau_{i2}^{-1}(a_1\tau_u+\rho)z_1+\lambda_2E[z_2 \mid s_{i1},z_1]+E[v_o \mid s_P]$和$Var[p_2 \mid G_{i1}]=\lambda_2^2Var[z_2 \mid s_{i1},z_1]+Var[v_o \mid s_P]$。从$Var[p_2 \mid G_{i1}]$的结果可以看出，第二期市场披露的基本面$v_o$导致知情交易者在第一期面临的风险增加，通过在第一期披露公开信息则会降低该风险。此外，公开信息的披露同时也改变知情交易者对短期价格变化值的预期。

将$E[p_2 \mid G_{i1}]$和$Var[p_2 \mid G_{i1}]$代入式（4.16）并整理得到知情交易者的

① 在估计 v 时，由于v_o包含s_p的所有信息，因此，$\{s_p,v_o\}$等价于$\{v_o\}$。

第一期交易策略，结合式（4.14）得到第一期市场均衡价格，如定理 4.3 所示。

定理 4.3：第一期市场存在线性均衡，知情交易者的策略函数和均衡价格分别为：

$$x_{i1} = a_1 s_{i1} + \lambda_1^{-1}(\gamma s_P - p_1) \tag{4.19}$$

和

$$p_1 = \lambda_1 z_1 + \gamma s_P \tag{4.20}$$

其中，$a_1 = \dfrac{\rho^{-1}\lambda_2 \Delta a_2 \tau_{\varepsilon 1}}{\lambda_2^2(\Delta a_2^2 + \tau_{i1}\tau_u^{-1}) + \tau_{i1}(\tau_h + \tau_\eta)^{-1}}$，$\gamma = \dfrac{\tau_\eta}{\tau_I + \tau_\eta}$，$\tau_{i1} = \tau_I + \tau_{\varepsilon 1} + a_1^2 \tau_u$，

$\lambda_1 = \dfrac{a_1\tau_u + \rho}{\tau_{i2}} + \dfrac{a_1\tau_u + \rho\lambda_2\Delta a_2}{\tau_{i1}}\lambda_2\Delta a_2 + \dfrac{\rho\lambda_2^2}{\tau_u} + \dfrac{\rho}{\tau_O + \tau_\eta}$。

从式（4.20）看出，均衡价格已吸收 s_P 披露的所有信息（$\gamma s_P = E[v_O \mid s_P]$），因此，知情交易者无法根据 s_P 获得超额收益。但由于 s_P 已改变他们面临的风险水平，所以短期知情交易者对私人信息的反应强度（a_1）受 s_P 精度的影响，进而影响市场流动性参数 λ_1。

定理 4.3 中，知情交易者 i 对私人信息的反应强度不仅与个体的私人信息精度和风险厌恶系数有关，还受其他投资者的综合影响①。记

$$\phi(a_1) = \frac{\rho^{-1}\lambda_2 \Delta a_2 \tau_{\varepsilon 1}}{\lambda_2^2(\Delta a_2^2 + \tau_{i1}\tau_{u2}^{-1}) + \tau_{i1}(\tau_I + \tau_O)^{-1}} \tag{4.21}$$

则 $\phi(a_1)$ 为其他知情交易者对私人信息反应强度的平均值为 a_1 时，知情交易者 i 对私人信息的反应强度。对称的信息结构假设下，$\phi(a_1)$ 等于 a_1。整理性质 1 中的 a_1 发现，a_1 为高阶方程的解，为更加直观，本书采用数值模拟方法分析均衡解的特性，如图 4.3 所示。

从图 4.3 可以看出，第一期披露信息精度较低时，$a_1 = \phi(a_1)$ 存在唯一实数解。与曾庆铎等（Zeng et al.，2015）的模型②比较发现，基本面 v_o 在第二期交易前披露虽然会导致知情交易者在第一期交易时面临更多风险，但有利于避免多重均衡发生。随着第一期交易前对基本面 v_1 披露程度的增加，市场更容易出现多个均衡。

---

① 由于知情交易者为［0，1］上可测的投资者，因此，单个交易者行为几乎不影响市场均衡。从计算过程可以看出，性质 1 的 a_1 表达中，除 ρ 和 τ_ε 为知情交易者 i 的个体特征以外，其他变量反映其余交易者的平均特征，例如 Δa_2 表示整体知情交易者对私人信息反应强度变化的平均值。

② 他们的模型中，资产清算价值只受一个基本面的影响且在第二期交易结束后被披露，此时市场存在多个均衡状态。

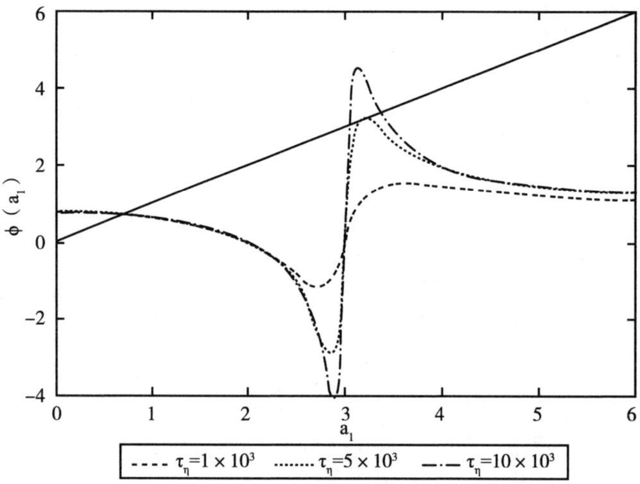

图 4.3 均衡的多重性

市场存在多重均衡时，分别记第一期市场中短期知情交易者对私人信息反应强度为 a_{11}、a_{12} 和 a_{13}（$a_{11} < a_{12} < a_{13}$）。数值模拟显示，a_{11} 恒小于 $\rho^{-1}\tau_{\varepsilon 1}$，$a_{12}$ 和 a_{13} 恒大于 $\rho^{-1}(\tau_{\varepsilon 1}+\tau_{\varepsilon 2})$①。说明在 a_{11} 均衡状态下，投资者对私人信息反应不足；在 a_{12} 和 a_{13} 的均衡状态下，投资者对私人信息反应过度。第二期满足 $\Delta a_2(a_{11})>0$、$\Delta a_2(a_{12})<0$ 和 $\Delta a_2(a_{13})<0$，即知情交易者在第一期对私人信息反应强度为 a_{12} 或 a_{13}，第二期市场存在反向交易现象。另外，均衡解 a_{12} 和 a_{13} 在市场存在单一均衡时消失。

与切斯帕和维夫斯（2015）的结论类似，a_{1k}（$k\in\{1, 2, 3\}$）这个均衡解是否稳定取决于 $|\partial\phi(a_{1k})/a_1|$ 是否小于 1。模拟结果显示，均衡解 a_{11} 总是处于稳定状态，而 a_{12} 和 a_{13} 总处于不稳定状态。

4.4.1 信息披露对短视知情交易者策略的影响

第二期交易发生前披露基本面 v_0 从两个方面影响知情交易者。一方面改变第二期知情交易者交易策略和均衡价格。v_0 的完全披露降低了投资者面临的风险，使他们基于私人信息获利的动机增加，进而促进价格对私人信息的聚集。切斯帕和维夫斯（2012）的静态模型中对该过程已展开详细描述。值

① 基于第二期均衡结论类推得到，$\rho^{-1}\tau_{\varepsilon 1}$ 应为知情交易者对私人信息合理的反应强度。

得注意的是，由于第二期交易前所有知情交易者均已获得基本面 v_o 的完全信息，因此，p_2 体现基本面 v_0 的全部价值①。另一方面改变知情交易者在第一期交易前的预期。由于第一期短期知情交易者面临来自第二期均衡价格的风险，因此，p_2 的变化导致第一期短期知情交易者预期未来的风险加剧。

特定机构披露 s_p 有利于降低短期知情交易者面临的来自 p_2 的风险，但可能导致多重均衡的发生。大量数值模拟发现，只有当 s_p 精度足够大时，多个均衡才会发生。特别地，当 τ_η 趋于正无穷时，相当于短期知情交易者在第一期已获得 v_0 的完全信息。此时，模型均衡解与曾庆铎等（2015）、切斯帕和维夫斯（2015）的研究类似，第一期存在两种均衡状态。当 τ_η 较小时，知情交易者对私人信息反应强度为 a_{11} 的均衡存在。由于 a_{12} 和 a_{13} 的均衡状态并非恒存在，因此，本书只讨论 τ_η 的变化对市场处于 a_{11} 的均衡状态下的影响。

从式（4.16）看出，影响短期知情交易者对私人信息反应强度（a_1）的因素有两个：p_2 的方差和 p_2 中 v_I 的系数。前者体现投资者对风险的厌恶，后者体现私人信息价值②。通过数值模拟发现，a_{11} 随 τ_η 的增加而增加但增加幅度逐渐降低，如图 4.4 所示。将 τ_η 不断增大可以发现，a_{11} 逐渐收敛于特定值③。

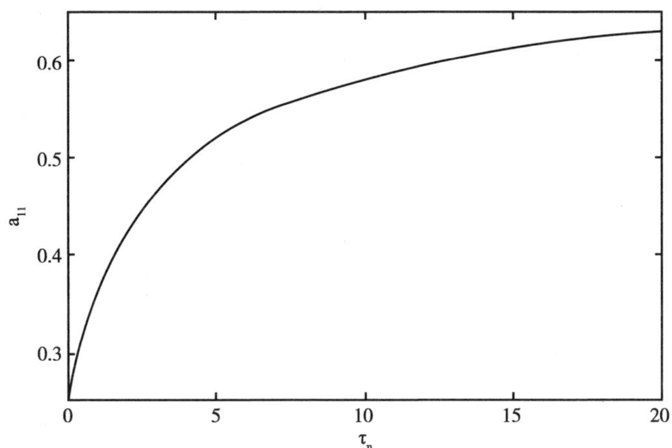

图 4.4　信息披露精度对 a_{11} 的影响

---

① 不考虑噪声交易的情况下，p_2 与资产清算价值的差异只体现在 v_1 的系数不同。

② 若第二期市场不存在 v_1 的任何信息，则 p_2 中 v_1 的系数为零。此时，对短期知情交易者而言，私人信息 s_{i1} 的价值消失。

③ $a_{11}\big|_{\tau_{\varepsilon 2}=0}=\tau_{\varepsilon 1}/\rho+(\rho-\sqrt{\rho^2+4\tau_{\varepsilon 1}\tau_u})/2\rho\tau_u$。

高平阳和梁锦宏（Gao and Liang，2013）、巴内吉等（2018）的研究均认为公开信息披露会挤出私人信息，导致投资者在交易过程对私人信息赋予的权重过低。本书研究表明，信息披露并未对私人信息造成挤出效应，反而有利于加强知情交易者对私人信息的反应程度。这是因为披露的信息与投资者私人信息类型不同，它们揭示资产不同基本面的风险。对短期知情投资者而言，v_0 的披露意味着它们可以更加充分地基于私人信息获利。与此同时，信息 s_p 在知情交易者策略中的比重也更大。

4.4.2 信息披露精度与市场流动性

流动性提供和价格发现是金融市场的主要功能。上述分析可以看出，s_p 对价格发现具有两个方面影响：直接影响——使价格中 v_0 的系数趋于 1[①]；间接影响——通过增加知情交易者对私人信息利用强度使价格揭示 v_1 的更多信息。本部分重点分析信息披露对流动性的影响。

λ_1^{-1} 和 λ_2^{-1} 表示 1 单位的价格变化可以吸收的市场外生冲击交易，分别反映两期市场的流动性水平。图 4.5 和图 4.6 分别为 τ_0 增加时两期市场流动性的变化，由图可知，随 s_p 精度的增加，第一期市场流动性呈现递增趋势且

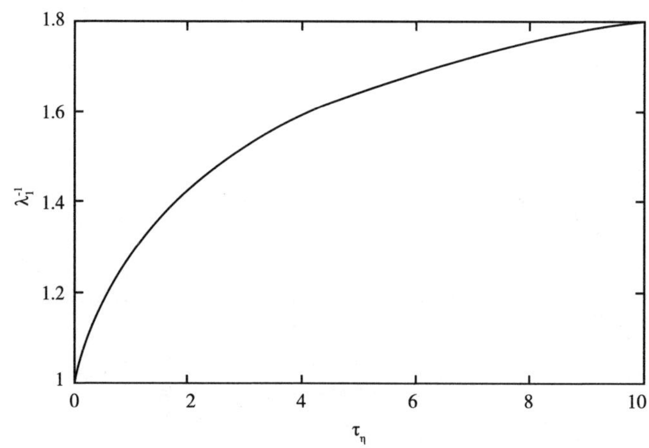

图 4.5 信息披露精度对 λ_1^{-1} 的影响

---

① 由于资产清算价值等于 v_1+v_o，因此，价格中 v_o 的系数趋于 1 说明价格发现功能增强。

增加幅度逐渐降低；第二期市场流动性呈现先降低后增的变化趋势。结合证明过程与分析可知，增加 τ_η 导致第一期市场流动性提高的主要原因是短期知情交易者对私人信息反应强度的增加。虽然知情交易者在第二期对私人信息反应强度并不受 s_p 的影响，但市场流动性也仍发生变化。其主要原因为知情交易者为市场提供流动性的动机为实现私人信息价值或获得风险收益，在第二期，他们实现私人信息价值的方式是改变对私人信息的反应强度，即 Δa_2。由此可以看出，s_p 精度的变化依次通过改变 a_1 和 Δa_2 影响第二期市场流动性。

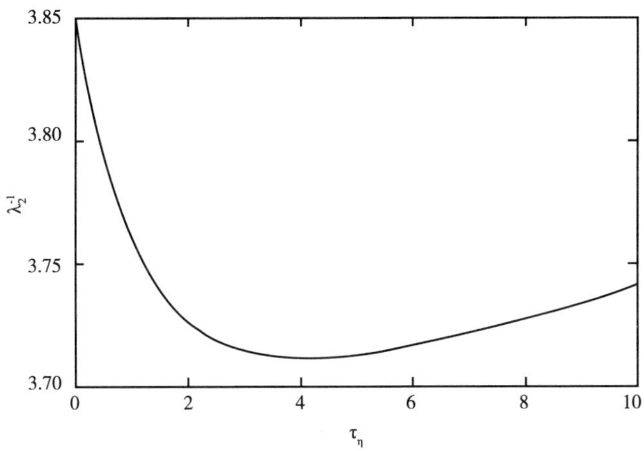

图 4.6　信息披露精度对 λ_2^{-1} 的影响

4.5　信息披露与内生的信息获取

4.5.1　信息获取成本外生下的动态均衡

4.4 节介绍了信息披露对短视交易者的影响，本节将扩展上述假设，分析信息披露对长期投资者行为的影响，通过内生化信息获取分析整体市场均衡模型。

在两期市场存在清算价值为 v 的风险资产，v 的价值受不相关的两个潜在基本面 v_I 和 v_O 的影响，即 $v = v_I + v_O$，其中，$(v_I, v_O) \sim N(0,0,\tau_I^{-1},\tau_O^{-1};$

0)，第 t（$t\in\{1, 2\}$）期均衡价格为 p_t。v_0 需要由上市公司定期向市场披露（例如公司年报、季度等），假设该信息于第一期交易结束后被披露。市场中存在三种类型投资者：在区间 $[0, \kappa]$ 上可测的内部交易者、在区间 $[\kappa, 1]$ 上可测的外部交易者和噪声交易者。内部交易者和外部交易者仍拥有 CARA 型效用函数：$U(\pi) = -\exp\{-\rho\pi\}$，其中，$\pi$ 为利润函数，ρ 为常风险厌恶系数。内部交易者支付固定信息成本（收集公司经营信息、购买行业研究报告信息或贿赂公司管理层等）B（$B>0$）后，可以在第一期交易前获知 v_0 的完全信息，外部交易者只能上市公司披露后获知 v_0。噪声交易者所持头寸服从独立正态分布 $\{u_1, u_2\}$，其中，$u_t \sim N(0,\tau_{ut}^{-1})$ 独立于其他随机变量。

为保护中小投资者，我国《上市公司信息披露管理办法》规定，任何机构和个人不得非法获取、提供、传播上市公司的内幕信息，不得利用所获取的内幕信息买卖或者建议他人买卖公司证券及其衍生品种，不得在投资价值分析报告、研究报告等文件中使用内幕信息。这一规定的实施从本质上提高了内部交易者获取内幕信息的成本。另外，我国《上市公司信息披露管理办法》还规定，上市公司预计经营业绩发生亏损或者发生大幅变动的，应当及时进行业绩预告。实际上，除上市公司的业绩预告外，市场也存在大量行业研究报告，预测上市公司业绩。这一行为相当于向市场披露不完全的公司价值信息。因此，假设上市公司（或行业研究报告等）在第一期交易前披露信息 $s_P = v_0 + \varepsilon$，其中，$\varepsilon \sim N(0,\tau_\varepsilon^{-1})$，$\tau_\varepsilon$ 表示 s_P 的信息精度。

令 $x_1^I(v_0,s_P,p_1)$，$x_1^O(s_P,p_1)$ 分别表示内部交易者和外部交易者在第一期提交的最优需求计划。$x_2(s_P,p_1,v_0,p_2)$ 为两类交易者在第二期提交的最优需求计划（由于此时两类交易者拥有相同的信息结构，所有他们最优交易策略也相同）。内部交易者和外部交易者的第一期利润函数分别为：$\pi_1^I = (p_2 - p_1)x_1^I + (v - p_2)x_2 - B$ 和 $\pi_1^O = (p_2 - p_1)x_1^O + (v - p_2)x_2$，第二期利润函数为 $\pi_2 = (v - p_2)x_2$。两期市场出清条件分别为 $\kappa x_1^I + (1-\kappa)x_1^O + u_1 = 0$ 和 $x_2 + u_2 = 0$。求解两类投资者交易策略和均衡价格得到定理 4.4。

定理 4.4：*两期市场中存在唯一均衡，第一期交易者最优策略和均衡价格分别为：*

$$x_1^I = \beta_I(v_0 - p_1) \tag{4.22}$$

$$x_1^O = \beta_O(E[v_0 \mid s_P,p_1] - p_1)(\text{或 } x_1^O = -\eta p_1 + \gamma s_P) \tag{4.23}$$

和 $$p_1=\lambda[\kappa\beta_I v_O+u_1+(1-\kappa)\gamma s_P] \tag{4.24}$$

其中，$\beta_I=\rho^{-3}\tau_I^2\tau_{u2}+\rho^{-1}\tau_I$，$\beta_O=(\beta_I^{-1}+\rho\mathrm{Var}[v_O\mid s_P,p_1])^{-1}$，$\gamma=\tau_\varepsilon(\tau_O+\tau_\varepsilon)^{-1}\eta$，$\eta=(\tau_O+\tau_\varepsilon)[\kappa\beta_I\tau_{u1}+(\tau_O+\tau_\varepsilon)\beta_I^{-1}+\rho]^{-1}$，$\lambda=[\kappa\beta_I+(1-\kappa)\eta]^{-1}$。第二期中，交易者最优策略和均衡价格分别为：

$$x_2=\rho^{-1}\tau_I(v_O-p_2) \tag{4.25}$$

和 $$p_2=v_O+\rho\tau_I^{-1}u_2 \tag{4.26}$$

从定理4.4可以看出，由于内部交易者已获得 v_O 的完全信息，因此他们根据私人信息 v_O 和均衡价格间的差异进行投资（私人信息高于均衡价格时买入资产，反之卖出资产），不关心上市公司或行业研究报告披露的信息 s_P、外部交易者比例等，同时 s_P 的精度和外部交易行为也不影响内部交易者的交易强度（β_I 和 $\rho^{-1}\tau_I$）。内部交易者制定第一期交易策略时，由于面临第二期价格风险，故 β_I 与 τ_{u2}^{-1} 负相关，噪声交易使第二期价格波动越大，内部交易者越谨慎。外部交易者在第一期交易前无法获知 v_O 的完全信息，他们将基于公开信息 s_P 和 p_1 更新对 v_O 的信念。由于这仍无法获知 v_O 的完全信息，故 $\beta_O\leqslant\beta_I$。

计算第一期交易发生前内部和外部交易者的期望收益得到推论4.3。

推论4.3：第一期交易发生前，内部交易者和外部交易的期望收益分别为：

$$E[U(\pi_1^I)]=-\exp(\rho B)\frac{1}{\sqrt{1+\rho^2\tau_I^{-1}\tau_{u2}^{-1}}}\frac{1}{\sqrt{1+\rho\beta_I\mathrm{Var}[v_O-p_1]}} \tag{4.27}$$

和 $$E[U(\pi_1^O)]=-\frac{1}{\sqrt{1+\rho^2\tau_I^{-1}\tau_{u2}^{-1}}}\frac{1}{\sqrt{1+\rho\beta_O\mathrm{Var}[E[v_O\mid s_P,p_1]-p_1]}} \tag{4.28}$$

两者间的关系为：

$$E[U(\pi_1^I)]=\exp(\rho B)\sqrt{\frac{\beta_O}{\beta_I}}E[U(\pi_1^O)] \tag{4.29}$$

式（4.27）和式（4.28）中共同的部分$(1+\rho^2\tau_I^{-1}\tau_{u2}^{-1})^{-1/2}$反映了内部交易者和外部交易者通过第二期交易获得的期望效用，其他部分为他们通过第一期交易（第一期建仓并在第二期平仓）获得的期望效用。计算 $E[U(\pi_1^I)]$ 和 $E[U(\pi_1^O)]$ 对 κ 的一阶导数可以看出，内部和外部交易者的期望效用均与 κ 负相关。其原因为：随着内部交易者的增加，信息竞争程度增强，资产均衡价格与 v_O（或 v）之间的差异变得更小，风险资产的每股期望收益降低，从而使内部和外部交易者的期望收益降低。

随着 s_P 精度的增加，第一期均衡价格 p_1 更加接近 v_O，导致内部交易者的期望效用降低，如图 4.7 所示。若外部交易者购买信息成为内部交易者，基于信息 s_P 投资的外部交易者减少，s_P 的精度变化对内部投资者期望效用的影响也来越小。图 4.8 显示了 s_P 的精度对外部交易者期望收益的影响，从图中可以看出，κ 很小（大）时，$E[U(\pi_1^O)]$ 与 τ_ε 负（正）相关，造成这一现象的原因为公开信息影响了外部交易者的做市行为。当 κ 较小时，外部交

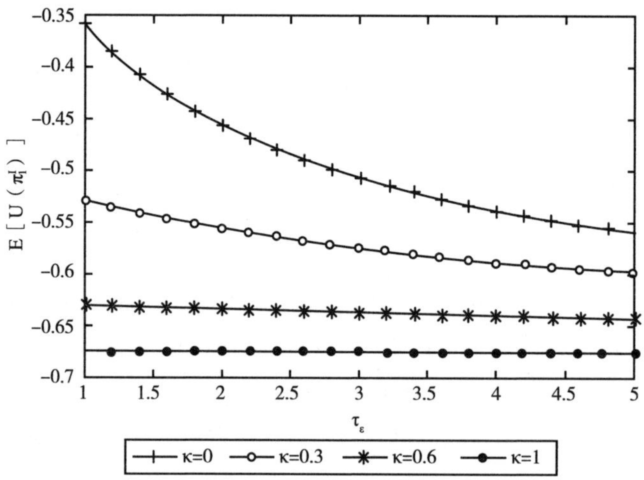

图 4.7 $E[U(\pi_1^I)]$ 与 τ_ε 的关系（B = 0）

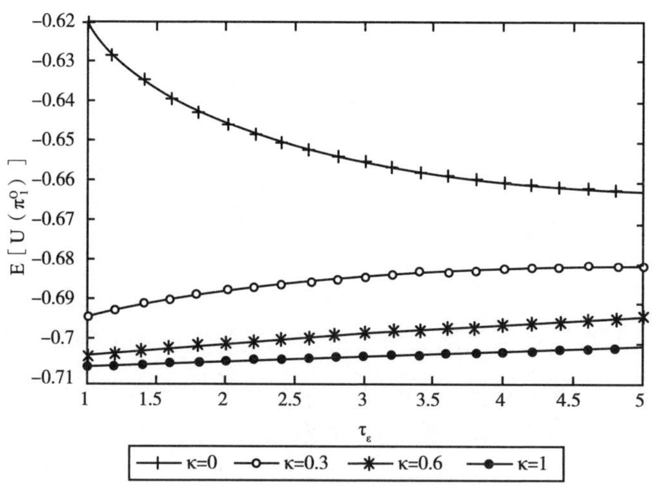

图 4.8 $E[U(\pi_1^O)]$ 与 τ_ε 的关系

易者更有可能与噪声交易者发生交易，由于为噪声交易者提供了流动性，故外部交易者要求更高的风险溢价。随着 τ_ε 的增加，外部交易者的做市风险降低，因而他们要求的风险溢价也下降。当 κ 很大时，外部交易者更有可能与拥有 v_0 完全信息的内部交易者发生交易，此时逆向选择风险成为影响他们期望效用的主要因素，τ_ε 的增加显然降低了逆向选择风险，从而使 $E[U(\pi_1^0)]$ 变大。

4.5.2　信息市场均衡

第一期交易前，每个理性交易者可以根据期望效用决定是否支付信息成本成为内部交易者。定义 4.1 描述了信息市场处于均衡时需要满足的条件。

定义 4.1：当内部交易者比例 $\kappa^* \in [0,1]$ 满足如下条件时，信息市场处于均衡状态：

(1) 若 $\kappa^* \in (0,1)$，则 κ^* 使 $E[U(\pi_1^I)] = E[U(\pi_1^0)]$ 成立且满足 $\partial(E[U(\pi_1^I)]/E[U(\pi_1^0)])/\partial\kappa\,|_{\kappa=\kappa^*} > 0$；

(2) 若 $\kappa^* = 0$，则满足 $\left.\dfrac{E[U(\pi_1^I)]}{E[U(\pi_1^0)]}\right|_{\kappa=\kappa^*} \geqslant 1$；

(3) 若 $\kappa^* = 1$，则 $\left.\dfrac{E[U(\pi_1^I)]}{E[U(\pi_1^0)]}\right|_{\kappa=\kappa^*} \leqslant 1$。

根据式（4.29）和定义 4.1 可以求得信息市场中的均衡，如推论 4.4 所示。

推论 4.4：交易者支付成本 B 即可在第一期交易发生前获得信息 v_0 的市场中存在唯一均衡，均衡时内部交易者比例为：

(1) 当 $\underline{B} \leqslant B \leqslant \overline{B}$ 时，$\kappa^* = \sqrt{\dfrac{\rho}{(e^{2\rho B}-1)\beta_I\tau_{u1}} - \dfrac{\tau_0+\tau_\varepsilon}{\beta_I^2\tau_{u1}}}$；

(2) 当 $B > \overline{B}$ 时，$\kappa^* = 0$；

(3) 当 $B < \underline{B}$ 时，$\kappa^* = 1$。

其中，$\underline{B} = \ln[\rho\beta_I/(\beta_I^2\tau_{u1}+\tau_0+\tau_\varepsilon)+1]/2\rho$ $\overline{B} = \ln[\rho\beta_I/(\tau_0+\tau_\varepsilon)+1]/2\rho$。

$\overline{B}$ 和 $\underline{B}$ 分别为信息获取成本的上下界。当信息获取成本高于上界时，信息市场处于角点均衡，所有理性投资者均为外部交易者，他们没有动机为获得内幕信息支付任何费用；反之，则所有理性投资者均为内部交易者。内点

均衡时 $\kappa^* \in (0,1)$，内部交易者和外部交易者同时存在于市场中，且内部交易者比例负相关于 τ_ε 和 B，此时提高信息获取成本或公开信息披露精度对抑制内部交易者比例能起到相同的效果。

4.5.3 信息成本和公开信息精度的综合影响

为分析信息成本和公开信息精度对投资者福利的综合影响，需要分别考虑均衡的三种状态。信息成本低于 $\underline{B}$ 时，所有理性投资者都愿意支付较低信息成本成为内部交易者，此时，他们的期望效用可以整理为：

$$E[U(\pi_1^I)] = -\exp(\rho B)\sqrt{\frac{1}{1+\rho^2\tau_I^{-1}\tau_{u2}^{-1}}\frac{\beta_I\tau_{u1}}{1+\rho}} \tag{4.30}$$

计算式（4.30）对 τ_ε 和 B 的一阶导数发现，理性交易者的期望效用不受 τ_ε 的影响，与 B 负相关。其原因为：较低的信息获取成本使所有理性交易者成为内部交易者，且均获得 v_0 的完全信息，因而公开信息不再影响他们的期望效用，只有通过进一步降低信息获取成本才能提高他们期望效用。当信息成本高于 $\overline{B}$ 时，没有交易者原因为获取信息 v_0 支付任何费用。此时，所有外部交易者的期望效用为：

$$E[U(\pi_1^0)] = -\sqrt{\frac{1}{1+\rho^2\tau_I^{-1}\tau_{u2}^{-1}}\frac{\tau_{u1}}{\tau_{u1}+\rho\beta_I^{-1}+\rho^2(\tau_0+\tau_\varepsilon)^{-1}}} \tag{4.31}$$

由于披露的公开信息降低了外部交易者的做市风险，使他们为噪声交易者做市获得的收益降低，故式（4.31）负相关于 τ_ε。

信息市场处于内点均衡时，外部交易者为获得信息优势必须支付一定的信息成本，此时，两者的影响恰好抵消，即理性投资者是否成为内部交易者不会影响他的期望效用。改变公开信息精度 τ_ε 将造成两个方面的影响：（1）直接影响，改变外部交易者的做市收益和逆向选择风险，其影响如图 4.8 所示。（2）间接影响，改变内部交易者的比例。随着公开信息精度的增加，前者对外部交易者期望效用的影响不确定，后者总是提高外部交易者的期望效用。将内部交易者比例 κ^* 代入式（4.27）或式（4.28）得到：

$$E[U(\pi_1^0)] = -\frac{1}{\sqrt{1+\rho^2\tau_I^{-1}\tau_{u2}^{-1}}}\sqrt{\frac{e^{2\rho B}}{1+\rho\beta_I\lambda^2[(1-\kappa)^2\eta^2(\tau_0+\tau_\varepsilon)^{-1}+\tau_{u1}^{-1}]}} \tag{4.32}$$

计算式（4.32）对 τ_ε 的一阶导数发现，$E[U(\pi_1^0)]$ 总是负相关于 τ_ε。图4.9展示了上述所有情况。

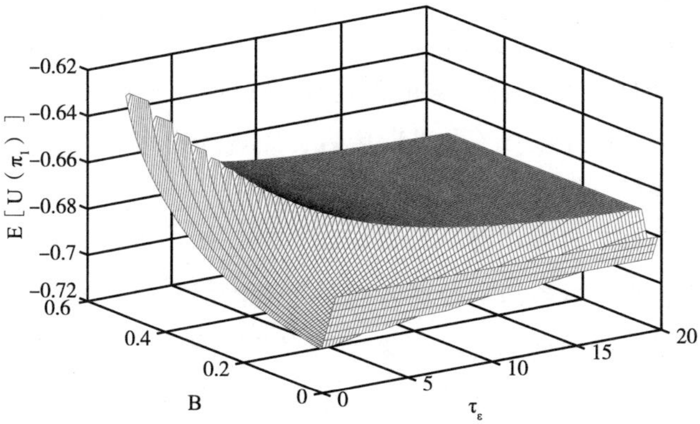

图4.9　B 和 τ_ε 对投资者期望效用的综合影响

分析图4.9可以发现：（1）当公开信息精度趋于无穷大时，它的影响与信息成本变为零的影响相同，这意味着完全的信息披露等价于无障碍的信息获取；（2）高的信息获取成本和低的公开信息披露精度对外部投资者是最优的，这说明提高内幕信息获取成本并降低公开信息披露精度有利于提高投资者整体福利。

4.6　本章小结

本章研究了不同交易行为（以资产清算时的效用最大为目标、以短期交易效用最大为目标和以多期交易总效用最大为目标）下信息披露对市场流动性和交易者福利的影响。资产清算价值由多个潜在基本面决定时，对某一基本面的披露将有效降低投资者面临的该基本面风险，使他们基于另一基本面信息交易时更激进。

交易者以资产清算时的效用最大为目标时：无法获得的基本面信息使知情交易者面临较大的“残余不确定性”，交易变得更加谨慎。与此同时，“残余不确定性”的存在增加了交易者反向交易的动机，使市场产生多重均衡。上市公司或监管部门发布公开信息降低了知情交易者面临的“残余不确定性”，使他们不再采取反向交易策略，市场发生多重均衡的概率降低。随着公开信息精度的增加，均衡价格中公开信息的比重、知情交易者对私人信息反应强度和期望交易量都增加。在流动性方面，由于信息披露降低了“参与不确定性”，使交易者对私人信息反应强度变大，因此，公开信息增加了逆向选择风险，降低了交易者要求的风险溢价补偿；知情交易者信息精度低（高）时，前者的影响大于（小于）后者，表现为市场流动性随着公开信息精度的增加而降低（增加）。

交易者以短期交易效用最大为目标时，尽管信息披露有利于市场聚集投资者私人信息，但也导致短期投资者在某个基本面信息被披露前面临的风险增加，不利于信息披露前的信息聚集。当信息披露发生在不同交易期时，多重均衡可能发生，尤其在前期披露信息精度足够大时。当披露的信息与投资者私人信息反应不同基本面情况时，增加信息披露精度使投资者更愿意基于私人信息交易，进而增加市场流动性。

交易者以多期交易总效用最大为目标时，内部交易者若能获得完全内幕信息，则信息披露政策不影响他们的交易策略，但会降低其期望效用。信息获取内生的市场中，信息披露政策通过两种方式影响外部交易者期望效用，分别是改变单位资产期望收益的波动性和改变内幕交易者比例。信息成本足够高时，市场只存在外部交易者，精确的信息披露会损害投资者效用；信息成本足够低时，市场只存在内部交易者，信息披露政策不起作用，只有继续降低成本才能改进投资者效用；信息成本介于某两个临界值之间时，随着披露信息精度的增加，内幕交易者比例逐渐降低，投资者效用逐渐增加。整体来看，高（低）信息成本和低（高）信息披露精度下的投资者期望效用最大（较小），但市场流动性水平较低（高）。因此，内幕交易管制过程中，投资者高效用与市场的高流动性无法同时满足，信息成本的控制和信息披露政策的制定需要平衡对两者的影响。

附录

定理 4.1 和定理 4.2 的证明：

考虑两期市场都存在线性均衡，知情交易者需求计划如模型假设中给出的形式：$x_{i1}=\beta_1 s_{i1}+f(p_1)$ 和 $x_{i2}=\beta_2\tilde{s}_{i2}+\gamma s_P+h(p_1,p_2)$，市场均衡价格分别为 $p_1=\lambda_1(\beta_1 v_I+u_1)+A_1$ 和 $p_2=\lambda_2(\Delta\beta_2 v_I+u_2)+\gamma s_P+A_2$。第一期知情交易者私人信息集 $G_1=\{s_{i1},\beta_1 v_I+u_1\}$，代入式（4.2）和式（4.3）得：

$$\beta_1=\frac{\rho Var[v_I\mid G_1]\tau_{\varepsilon1}}{Var[v\mid G_1]},\lambda_1=\frac{1}{\rho}Var[v\mid G_1]+\beta_1\tau_{u1}Var[v_I\mid G_1],A_1=0 \tag{4.33}$$

第二期，知情交易者信息集。G_2 中含 p_2 的充分统计量，所以 $E[v-p_2\mid G_2]=E[v\mid G_2]-p_2$，$Var[v-p_2\mid G_2]=Var[v\mid G_2]$。因 v_I 与 v_O 相互独立，故 $E[v\mid G_2]=E[v_I\mid G_2]+E[v_O\mid G_2]=E[v_I\mid G_2]+E[v_O\mid s_P]$。根据联合正态分布条件期望的性质得到：

$$E[v_I\mid G_2]=Var[v_I\mid G_2]\left[(\tau_{\varepsilon1}+\tau_{\varepsilon2})\tilde{s}_{i2}+\frac{\beta_1\tau_{u1}p_1}{\lambda_1}+\frac{\Delta\beta_2\tau_{u2}(p_2-A_2-\gamma s_P)}{\lambda_2}\right]$$

和 $E[v_O\mid s_P]=\dfrac{\tau_P s_P}{\tau_O+\tau_P}$，根据式（3.19）可得知情交易者在第二期对私人信息的反应强度和需求计划分别为：

$$\beta_2=\frac{\rho Var[v_I\mid G_2](\tau_{\varepsilon1}+\tau_{\varepsilon2})}{Var[v\mid G_2]} \tag{4.34}$$

$$x_{i2}=\beta_2\tilde{s}_{i2}+\frac{m_1m_2p_1}{\lambda_1}+(m_1m_3-m_4)p_2+\left[\frac{m_4\tau_P}{\tau_O+\tau_P}-m_1m_3\gamma\right]s_P-m_1m_3A_2 \tag{4.35}$$

其中，$m_1=\dfrac{\rho Var\ [v_I\mid G_2]}{Var\ [v\mid G_2]}$，$m_2=\beta_1\tau_{u1}$，$m_3=\dfrac{\Delta\beta_2\tau_{u2}}{\lambda_2}$，$m_4=\dfrac{\rho}{Var\ [v\mid G_2]}$。将式（4.35）代入市场出清条件得：

$$\beta_2 v_I+\frac{m_1m_2p_1}{\lambda_1}+(m_1m_3-m_4)p_2+\left[\frac{m_4\tau_P}{\tau_O+\tau_P}-m_1m_3\gamma\right]s_P=m_1m_3A_2-\theta_2 \tag{4.36}$$

等式左边 $\pm(\beta_1 v_I+u_1)$ 并整理得：

$$p_2=\frac{\Delta\beta_2 v_I+u_2}{m_4-m_1m_3}+\frac{m_1m_2+1\ \ p_1}{m_4-m_1m_3\lambda_1}+\frac{-m_1m_3\gamma+(\tau_O+\tau_P)^{-1}m_4\tau_P}{m_4-m_1m_3}s_P-\frac{m_1m_3A_2}{m_4-m_1m_3}$$

因此，$\gamma=\frac{-m_1m_3\gamma+(\tau_O+\tau_P)^{-1}m_4\tau_P}{m_4-m_1m_3}$，$A_2=\frac{m_1m_2+1}{m_4-m_1m_3}\frac{p_1}{\lambda_1}-\frac{m_1m_3A_2}{m_4-m_1m_3}$，$\lambda_2=\frac{1}{m_4-m_1m_3}$。将 m_1，m_2，m_3 和 m_4 代入整理后得：

$$\lambda_2=\rho^{-1}\text{Var}[v\mid G_2]+\Delta\beta_2\tau_{u2}\text{Var}[v_I\mid G_2] \tag{4.37}$$

$$\gamma=\frac{\tau_P}{\tau_O+\tau_P} \tag{4.38}$$

$$A_2=\left[\frac{\text{Var}[v\mid G_2]}{\rho}+\beta_1\tau_{u1}\text{Var}[v_I\mid G_2]\right]\frac{p_1}{\lambda_1} \tag{4.39}$$

证毕。

推论 4.1 的证明：

当式（4.9）存在多个实数根时，市场多重均衡现象发生。令 $F(\beta_2)=\beta_2^3\tau_{u2}-2\beta_1\tau_{u2}\beta_2^2+(\beta_1^2\tau_{u2}+\beta_1^{-1}\rho\tau_O\tau_{\varepsilon1}+\tau_P+\tau_{\varepsilon2})\beta_2-\rho(\tau_O+\tau_P)(\tau_{\varepsilon1}+\tau_{\varepsilon2})$，则：

$$\frac{dF(\beta_2)}{d\beta_2}=3\beta_2^2\tau_{u2}-4\beta_1\tau_{u2}\beta_2+\beta_1^2\tau_{u2}+\beta_1^{-1}\rho\tau_O\tau_{\varepsilon1}+\tau_P+\tau_{\varepsilon2} \tag{4.40}$$

$\frac{dF(\beta_2)}{d\beta_2}$的判别式为 $4\tau_{u2}^2\Delta$，其中：

$$\Delta=\beta_1^2-3\left(\frac{\rho\tau_O\tau_{\varepsilon1}}{\beta_1\tau_{u2}}+\frac{\tau_P+\tau_{\varepsilon2}}{\tau_{u2}}\right) \tag{4.41}$$

随着公开信息精度的增加，Δ 总会小于零，此时$\frac{dF(\beta_2)}{d\beta_2}>0$，$F(\beta_2)$ 单调增加，$F(\beta_2)=0$ 存在唯一实数根，市场存在唯一线性均衡。因此，公开信息精度的增加总会使多重均衡消失。

当 $\Delta>0$ 时，式（4.9）根的情况取决于 $F(\beta_2)$ 的极值与零的关系。令 $\frac{dF(\beta_2)}{d\beta_2}=0$ 得到 $\beta_2^*=\frac{2\beta_1-\sqrt{\Delta}}{3}$，$\beta_2^{**}=\frac{2\beta_1+\sqrt{\Delta}}{3}$。市场存在三重均衡时，$F(\beta_2^*)>0$ 且 $F(\beta_2^{**})<0$，将 β_2^* 和 β_2^{**} 代入 $F(\beta_2)$ 即可得到式（4.10），此时 $F(\beta_2)=0$ 的解 β_2^{min}、β_2^{mid} 和 β_2^{max} 的范围分别是$\left(0,\ \frac{2\beta_1-\sqrt{\Delta}}{3}\right)$、$\left(\frac{2\beta_1-\sqrt{\Delta}}{3},\ \frac{2\beta_1+\sqrt{\Delta}}{3}\right)$和$\left(\frac{2\beta_1+\sqrt{\Delta}}{3},\ +\infty\right)$。知情交易者对私人信息的反应

强度为 β_2^{min} 和 β_2^{mid} 时，第二期的净反应强度 $\Delta\beta_2<0$，此时他们具有反向交易动机。

将 $\beta_2=\beta_1$ 代入 $F(\beta_2)$ 得：

$$F(\beta_1)=(\tau_P+\tau_{\varepsilon2})\beta_1-\rho\tau_P\tau_{\varepsilon1}-\rho(\tau_0+\tau_P)\tau_{\varepsilon2} \tag{4.42}$$

根据 $\beta_1<\min\{\rho\tau_{\varepsilon1},\rho\tau_0\}$ 得 $F(\beta_1)<-\rho\tau_P\tau_{\varepsilon2}<0$。$F(\beta_2)=0$ 存在三个实数根时 $\beta_2^{max}>\beta_1$；$F(\beta_2)=0$ 存在唯一实数根时 β_2 也大于 β_1。因此，市场在唯一均衡和 $\beta_2=\beta_2^{max}$ 的均衡下，知情交易者在第二期对私人信息的净反应强度 $\Delta\beta_2$ 都等于 0。市场存在三重均衡时，随着公开信息精度的增加，介于 $\left(0,\ \frac{2\beta_1-\sqrt{\Delta}}{3}\right)$ 和 $\left(\frac{2\beta_1-\sqrt{\Delta}}{3},\ \frac{2\beta_1+\sqrt{\Delta}}{3}\right)$ 的 β_2^{min} 与 β_2^{mid} 逐渐消失，因此，交易者反向交易的行为随着公开信息精度的增加而消失。

推论 4.2 的证明：

（1）令式（4.9）中的 β_2 对 τ_P 求导得到：

$$\frac{d\beta_2}{d\tau_P}=\frac{\rho(\tau_{\varepsilon1}+\tau_{\varepsilon1})-\beta_2}{3\tau_{u2}\beta_2^2-4\beta_1\tau_{u2}\beta_2+\beta_1^2\tau_{u2}+\beta_1^{-1}\rho\tau_0\tau_{\varepsilon1}+\tau_P+\tau_{\varepsilon2}} \tag{4.43}$$

可以证明，$\beta_2>\beta_1$ 时，$d\beta_2/d\tau_P$ 总是大于零的，因此，市场在唯一均衡和 $\beta_2=\beta_2^{max}$ 的均衡下，知情交易者对私人信息的（净）反应强度随公开信息精度的增加而增加。

（2）知情交易者第二期的净交易量 $\Delta x_{i2}=x_{i2}-x_{i1}$，将均衡价格代入得：

$$\Delta x_{i2}=\beta_2\frac{\tau_{\varepsilon1}\varepsilon_1+\tau_{\varepsilon2}\varepsilon_2}{\tau_{\varepsilon1}+\tau_{\varepsilon2}}-\beta_1\varepsilon_1-u_2 \tag{4.44}$$

期望交易量为：

$$E[\,|\Delta x_{i2}|\,]=\sqrt{\frac{2}{\pi}\left[\frac{(\Delta\beta_2\tau_{\varepsilon1}-\beta_1\tau_{\varepsilon2})^2/\tau_{\varepsilon1}+\beta_2^2\tau_{\varepsilon2}}{(\tau_{\varepsilon1}+\tau_{\varepsilon2})^2}+\frac{1}{\tau_{u2}}\right]} \tag{4.45}$$

记式（4.45）中 $(\Delta\beta_2\tau_{\varepsilon1}-\beta_1\tau_{\varepsilon2})^2/\tau_{\varepsilon1}+\beta_2^2\tau_{\varepsilon2}$ 为 $H(\beta_2)$，将 $H(\beta_2)$ 整理为：

$$H(\beta_2)=\beta_2^2(\tau_{\varepsilon1}+\tau_{\varepsilon2})-2\beta_2\beta_1(\tau_{\varepsilon1}+\tau_{\varepsilon2})+\beta_1^2\frac{(\tau_{\varepsilon1}+\tau_{\varepsilon2})^2}{\tau_{\varepsilon1}} \tag{4.46}$$

从式（4.46）看出，$\beta_2>\beta_1$ 时，$H(\beta_2)$ 是 β_2 的增函数，即 $E[\,|\Delta x_{i2}|\,]$

随 β_2 的增加而增加。在市场在唯一均衡和 $\beta_2=\beta_2^{max}$ 的均衡下，β_2 与公开信息精度正相关且始终大于 β_1，因此，提高公开信息精度会增加均衡状态下交易量的期望值。

定理 4.4 的证明：

第二期交易前，内部和外部交易者的信息集都是 $\{v_O\}$，最大化他们的效用函数得到第二期的最优交易策略为：

$$x_2=\frac{E[v-p_2\mid v_O]}{\rho Var[v\mid v_O]}$$

即 $x_2=\rho^{-1}\tau_I(v_O-p_2)$。结合出清条件得到均衡价格为 $p_2=v_O+\rho\tau_I^{-1}u_2$。将 x_2 和 p_2 代入 π_2 得到 $E[U_2\mid v_O]_{max}=-\exp\{-0.5\rho^2\tau_I^{-1}u_2^2\}$。

第一期交易前，内部交易者提交订单 x_1^I 以最大化：

$$E\{-\exp\{-\rho(p_2-p_1)x_1^I\}E\{\exp\{-\rho(v-p_2)x_2\}\mid v_O,p_2\}\mid v_O,p_1\}$$

这等价于最大化：

$$E\{-\exp\{-\rho(p_2-p_1)x_1^I-0.5\rho^2u_2^2\tau_I^{-1}\}\mid v_O,p_1\} \tag{4.47}$$

记 $\phi_I=-\rho\ (p_2-p_1)\ x_1^I-0.5\rho^2u_2^2\tau_I^{-1}$，则 ϕ_I 是 u_2 的二次函数。整理 ϕ_I 得到 $\phi_I=-\rho(v_O-p_1)x_1^I-\rho^2\tau_I^{-1}u_2x_1^I-0.5\rho^2u_2^2\tau_I^{-1}$。根据预备知识中的定理，式（4.47）等于：

$$-\frac{1}{\sqrt{1+\rho^2\tau_I^{-1}\tau_{u2}^{-1}}}\exp\left\{-\rho(v_O-p_1)x_1^I+\frac{1}{2}\frac{(\rho^2\tau_I^{-1}x_1^I)^2}{\rho^2\tau_I^{-1}+\tau_{u2}}\right\} \tag{4.48}$$

一阶导数等于零时得到内部交易者的需求计划为：

$$x_1^I=\frac{\tau_I^2\tau_{u2}+\rho^2\tau_I}{\rho^3}(v_O-p_1) \tag{4.49}$$

对于外部交易者，他们选择提交订单 x_1^O 以最大化：

$$E\{-\exp\{-\rho(p_2-p_1)x_1^O\}E\{\exp\{-\rho(v-p_2)x_2\}\mid v_O,p_2\}\mid s_P,p_1\} \tag{4.50}$$

这等价于最大化：

$$E\{-\exp\{-\rho(p_2-p_1)x_1^O-0.5\rho^2u_2^2\tau_I^{-1}\}\mid s_P,p_1\} \tag{4.51}$$

记 $\phi_O = -\rho(p_2 - p_1)x_1^0 - 0.5\rho^2 u_2^2 \tau_I^{-1}$，则 ϕ_O 是随机变量 $\{p_2, u_2 | s_P, p_1\}$ 的二次型。通过计算得到：

$$E[p_2, u_2 | s_P, p_1] = \{E[v_O | s_P, p_1], 0\} \tag{4.52}$$

$$Var[p_2, u_2 | s_P, p_1] = \begin{bmatrix} Var[v_O | s_P, p_1] + \rho^2 \tau_I^{-2} \tau_{u2}^{-1} & \rho \tau_I^{-1} \tau_{u2}^{-1} \\ \rho \tau_I^{-1} \tau_{u2}^{-1} & \tau_{u2}^{-1} \end{bmatrix} \tag{4.53}$$

根据1.6.4节的相关内容得到，式（4.50）等价于：

$$-\frac{\exp\left\{-\rho(E[v_O | s_P, p_1] - p_1)x_1^0 + \frac{1}{2}(\rho x_1^0)^2 \frac{Var[v_O | s_P, p_1](1 + \rho^2 \tau_I^{-1} \tau_{u2}^{-1}) + \rho^2 \tau_I^{-2} \tau_{u2}^{-1}}{1 + \rho^2 \tau_I^{-1} \tau_{u2}^{-1}}\right\}}{\sqrt{1 + \rho^2 \tau_I^{-1} \tau_{u2}^{-1} Var[v_O | s_P, p_1]}}$$

令上式的一阶导数等于零，则得到外部交易者的最优交易策略为：

$$x_1^0 = \beta_O(E[v_O | s_P, p_1] - p_1) \tag{4.54}$$

其中，$\beta_O = (\tau_I^2 \tau_{u2} + \rho^2 \tau_I)[\rho Var[v_O | s_P, p_1](\tau_I^2 \tau_{u2} + \rho^2 \tau_I) + \rho^3]^{-1}$，结合 β_I 的表达式可知 $\beta_O = (\beta_I^{-1} + \rho Var[v_O | s_P, p_1])^{-1}$。将式（4.49）和式（4.53）代入第一期市场出清条件得到：

$$p_1 = \frac{\kappa \beta_I v_O + u_1 + (1-\kappa)\beta_O E[v_O | s_P, p_1]}{\kappa \beta_I + (1-\kappa)\beta_O} \tag{4.55}$$

因此：

$$\begin{aligned} E[v_O | s_P, p_1] &= E[v_O | s_P, \kappa \beta_I v_O + u_1] = \frac{\kappa \beta_I \tau_{u1}(\kappa \beta_I v_O + u_1) + \tau_\varepsilon s_P}{\tau_O + \kappa^2 \beta_I^2 \tau_{u1} + \tau_\varepsilon} \\ &= \frac{\kappa \beta_I \tau_{u1}\{[\kappa \beta_I + (1-\kappa)\beta_O]p_1 - (1-\kappa)\beta_O E[v_O | s_P, p_1]\} + \tau_\varepsilon s_P}{\tau_O + \kappa^2 \beta_I^2 \tau_{u1} + \tau_\varepsilon} \end{aligned} \tag{4.56}$$

$$Var[v_O | s_P, p_1] = \frac{1}{\tau_O + \kappa^2 \beta_I^2 \tau_{u1} + \tau_\varepsilon} \tag{4.57}$$

整理式（4.55）得到：

$$E[v_O | s_P, p_1] = p_1 + \frac{-(\tau_O + \tau_\varepsilon)p_1 + \tau_\varepsilon s_P}{\tau_O + \kappa^2 \beta_I^2 \tau_{u1} + \tau_\varepsilon + \kappa \beta_I \tau_{u1}(1-\kappa)\beta_O} \tag{4.58}$$

将式（4.56）和式（4.57）代入式（4.53）得到：

$$x_1^0 = -\eta p_1 + \gamma s_P$$

其中，$\eta = \dfrac{\tau_0 + \tau_\varepsilon}{\kappa\beta_I\tau_{u1} + (\tau_0 + \tau_\varepsilon)\beta_I^{-1} + \rho}$，$\gamma = \tau_\varepsilon(\tau_0 + \tau_\varepsilon)^{-1}\eta$。均衡价格为：

$$p_1 = \lambda[\kappa\beta_I v_0 + u_1 + (1-\kappa)\gamma s_P]$$

其中，$\lambda = [\kappa\beta_I + (1-\kappa)\eta]^{-1}$。

第5章 市场操纵行为的理论与实证分析

近年来，基于内幕信息的市场操纵已上升为当前证券市场监管的主要矛头。据统计显示，2018年，证监会稽查执法部门全年共受理各类违法违规线索678件，较2017年增长8.48%；启动调查536件，较2017年增长12.13%；调查启动率达79.06%，较2017年度76.48%的调查率小幅提高。全年共办理案件894件（含2017年结转），新增立案案件268件，办结立案案件244件。全年移交行政处罚部门审理224件，向公安机关移送证券期货涉嫌犯罪案件及线索114件，涉及违法主体200余人。全年办理跨境执法合作175件。从办案类型角度来看，2018年，证监会稽查执法部门新增信息披露违法违规立案案件80件，较2017年度增长25%；新增内幕交易立案案件86件，较2017年显著下降14.9%；新增操纵市场立案案件26件，同比下降31.6%；新增中介机构涉嫌违法违规立案案件18件，较2017年度增长20%；新增“老鼠仓”立案案件6件，同比减少54%；新增短线交易、利用他人账户交易等立案案件19件，同比下降31%。从处罚角度来看，2018年，证监会行政处罚委共做出行政处罚决定310件，同比增长38.39%；罚没款金额106.41亿元，同比增长42.28%；市场禁入21件/50人，禁入人数同比增长13.64%。行政处罚案件审理继续落实首长负责制、集体讨论制以及听证、复核制度，全年共召开听证会92场，复核会100场，被处罚对象涉及机构和个人391个。全年对信息披露违法类案件做出行政处罚56起，对内幕交易类案件作出行政处罚87起，对操纵市场类案件做出行政处罚38起，对私募基金领域违法案件做出行政处罚10起，对中介机构违法类案件做出行政处罚13起，对短线交易案件处罚13起、从业人员违法违规案件处罚24起、其他类案件处罚69起①。内幕交易、市场操纵、短线交

① 资料来源：中国证券监督管理委员会。

易等行为已经成为危害我国金融市场健康稳定发展的重要因素。严重干扰资本市场秩序的市场操纵行为日新月异，其手段的隐蔽性和交易复杂度不断提升，已经成为金融风险防范的重点。

众多研究表明，操纵市场为操纵者带来丰厚利润，同时损害了被操纵者的利益。夸瓦贾和米安（Khwaja and Mian，2005）从内幕交易者操纵到哄抬价格操纵进行了实证研究，通过对巴基斯坦股票市场的数据进行分析发现经纪人使用私人信息交易能获得 50% ~90% 的年收益，远高于无信息的投资者。有证据表明，经纪人一般会采取哄抬价格（pump and dump）的策略获取操纵收益。阿扎德等（Azad et al.，2014）研究了南亚股票市场中价格是否受交易方式或交易量的影响，实证表明大多数不完全有效的市场中都存在基于交易方式的市场操纵。阿格瓦尔和吴国军（Aggarwal and Wu，2006）分析了 SEC 中市场操纵的数据，发现内幕交易者、经纪人、做市商都有可能是市场操纵者，操纵导致股票波动性和市场流动性增加，且市场在卖出股票操纵下的流动性比买入股票下的流动性要高。科默顿—福德和普特尼（Comerton-Forde and Putniņš，2011）使用被起诉案例的数据研究股市收盘价的操纵，构建了衡量收盘价操纵概率和强度的指数，从日历效应和季度效应中分离出了收盘价操纵行为。然而，实证研究中大多是对已公布的市场操纵行为进行的分析，阿扎德等（2014）指出，由于缺乏恰当的理论框架，对市场操纵行为甄别的实证研究很少。

在理论研究方面，艾伦和格礼（Allen and Gale，1992）最早将市场操纵行为分为基于行动的操纵（action based manipulation）、基于信息的操纵（information based manipulation）和基于交易的操纵（trade based manipulation）。基于行为的操纵是指投资者采取行为影响公司价值或对公司价值的预期；基于信息的操纵是指通过释放虚假信息和散布谣言来影响股价；基于交易的操纵是指通过交易控制价格，为未来获利提供机会。

维拉（Vila，1989）、巴尼奥利和利普曼（Bagnoli and Lipman，1996）分析了基于行动操纵的可能性。维拉（1989）建立了多个交易者通过串谋提高市场价格的模型，巴尼奥利和利普曼（Bagnoli and Lipman，1996）分析了多个交易者共同寻找股价的真实价值的操纵行为。他们的模型中，拥有初始资产的投机者令其他交易者都采取买策略，从而使其拥有的资产以较高的价格卖出。库玛和塞皮（Kumar and Seppi，1992）构建了基于交易操纵的模型：首先，操纵者在远期市场持有资产并且不让股票市场中的交易者知道；其次，操纵者和其他知情交易者共同改变股票市场的价格，这将增加操纵者在远期市场上的收益；最后，操纵者在远期市场利润增加。本书认为，上述两种行为最终都要归结到信息通过交易融入价格的过程。因此，从市场中信息传播、学习和聚集的方面分析市场操纵可以更好地剖析其运行机理。

基于信息的操纵中，操纵者利用该行为产生的信息不对称可以增加利润。休伯曼和施坦哲（Huberman and Stanzl，2004）证明即使市场价格服从鞅过程，也存在市场操纵的可能。奥方曦等（Alfonsi et al.，2012）分析了离散市场中价格操纵的可能性，发现交易成本会导致交易者采取操纵策略，市场操纵会对价格产生持续的影响。查克拉博蒂和伊尔马兹（Chakraborty and Yılmaz，2004）分析了凯尔（1985）模型中内幕交易者操纵市场的行为，发现内幕交易者不仅有隐藏自己交易的动机，也有反向交易的动机。他们同时指出操纵者为了长期利益宁愿忍受短期损失，此外无论交易者是否知情都能通过操纵市场获利。因此，自私的交易者总是希望操纵市场以通过增加个人信息优势。

信息传递的方式有多种，包括跟随交易、互联网、聊天室以及媒体传播等。范·博梅尔（Van Bommel，2003）分析了少数领导者与多数跟随者操纵市场的情况，领导者有私人信息时传播不精确的信息，没有私人信息时释放虚假信息。不精确信息或虚假信息的存在将提高会降低价格，为操纵者提供了获利的机会。均衡中，操纵者和跟随者的利润都将增加。英格堡和帕森斯（Engelberg and Parsons，2011）比较了19个地区媒体的报道和交易者的行为，发现媒体对交易者行为有很强的预测效果，交易者容易受到当地媒体信息的影响。虽然跟随交易和媒体影响会影响风险资产价格，但这些行为多数是合法的。柯拉和梅莱（Colla and Mele，2009）、奥索列夫和瓦尔登（Ozsoylev and Walden，2011）构造社交网络有向图，深入讨论资产定价问题，并证明如果信息是外生的，那么社交网络能提高市场效率，促进价格发现。奥索列夫等（Ozsoylev et al.，2013）实证分析发现，相对于远离信息源的交易者，接近信息传播源的交易者决策较早并能获取较高收益，且交易者离信息传播源越远，收益越少。

根据上述理论发现，所有市场操纵都可以采用信息模型研究其运行机制和对市场的影响。凯尔（1985）描述了市场中存在一个内幕交易者时信息融入价格的机理，得出内幕交易者会缓慢交易以保持相对信息优势，且与小型交易者相比，大交易者对私人信息的反应更加谨慎。此后，霍尔顿和苏伯拉曼（Holden and Subrahmanyam，1992）、福斯特和维斯瓦纳坦（Foster and

Viswanathan，1996）以及胡达特等（Huddart et al.，2001）相继研究了多个内幕交易者、内幕交易者为风险中性交易者和交易者收到不完全信息情况下的信息模型。他们的分析都是基于不完全竞争的理性预期模型，每个交易者的行为都影响均衡价格。维夫斯（1995）、切斯帕和维夫斯（2015）等在模型中使用连续统型交易者研究了完全竞争下的理性预期模型，每个交易者的行为不影响均衡价格。

可以说，交易者利用私人信息获得利润的研究已经非常成熟，然而通过向投资者释放信息已达到操纵市场目的的研究相对较少。本部分在维夫斯（1995）提出的完全竞争理性预期模型框架下引入操纵者和跟随者，分析完全竞争市场中操纵者交易策略和对市场均衡的影响。本章中的操纵者与范·博梅尔（Van Bommel，2003）中的假设一样，其个人的交易不影响市场均衡价格。操纵者能获得风险资产清算价值的部分信息时将传播该信息影响跟随者，否则释放谣言影响跟随者。

5.1 含操纵行为条件下的市场均衡模型

5.1.1 基础模型

考虑一期半强有效市场，市场中只存在收益率为0的无风险资产（现金）和清算价值为v、均衡价格为p的风险资产（股票），其中$v \sim N(\bar{v},\tau_v^{-1})$。交易者有三种类型，分别是在［0，1］上可测的连续统型知情交易者、噪声交易者和风险中性的做市商。每个知情交易者收到私人信息$s_i = v + \varepsilon_i$，ε_i是私人信息偏离清算价值的部分，$\varepsilon_i \sim N(0,\tau_\varepsilon^{-1})$，$\tau_\varepsilon$为知情交易者信息精度，他们的平均信息$\int_0^1 s_i di = v$（即$\int_0^1 \varepsilon_i di = 0$）。知情交易者根据私人信息和风险资产的市场价格提交需求计划$x_i = \beta s_i + h(p)$，$h(p)$表示价格的线性函数。知情交易者为风险厌恶型，拥有CARA型效用函数$U_I(\pi_i) = -\exp(-\rho\pi_i)$，$\pi_i = (v-p)x_i$表示交易者的利润，ρ表示风险厌恶系数。噪声交易者出于流动性需求或其他外生方面需求而提交噪声交易，交易量为u，$u \sim N(0,\tau_u^{-1})$。风险中性的做市商收到知情交易者和噪声交易者总的需求计划$L(p) = \int_0^1 x_i di + u = \beta v + u + h(p) = z_0 +$

$h(p)$，其中 $z_0=\beta v+u$，并且在半强有效市场假设下确定风险资产价格 $p=E[v\mid L(\cdot)]$。风险资产的初始价格为 $\bar{v}$，第一期交易完后资产出清。用 τ 表示随机变量的精度，随机变量 $\{v, \varepsilon_i, u\}$ 相互独立。

科瓦伦科夫和维夫斯（Kovalenkov and Vives，2014）通过比较竞争性的理性预期均衡和策略性理性预期均衡得出，当市场中知情交易者与噪声交易者同比例增加到很大时，两种均衡状态非常接近，并且收敛于连续统型交易者的市场均衡解。本章的研究基于竞争性理性预期模型，所有交易者都是价格的接受者，因而将交易者假设为连续统型。

根据做市商定价原则得到价格是 z_0 的线性函数。另外，在瓦尔拉斯拍卖条件下，市场均衡价格使所有交易者的额外需求为0，价格 $p=E[v\mid p]$，否则市场中的买单或卖单将趋于无穷大。因此，$p=E[v\mid p]$、$p=E[v\mid L(p)]$ 和 $p=E[v\mid z_0]$ 是等价的，z_0 是价格充分统计量。

知情交易者根据私人信息集 $\{s_i, p\}$ 对风险资产清算价值进行预期，从而制定最大化个人效用的交易策略。计算 CARA 型效用函数的最大值等价于计算下式的最大值：

$$\max_{x_i} E[\pi_i \mid G]-\rho Var[\pi_i \mid G]/2 \tag{5.1}$$

其中，G 表示交易者的信息集；π_i 表示交易者利润。求解可得知情交易者交易策略为：

$$x_i=\frac{E[v-p\mid s_i,p]}{\rho Var[v-p\mid s_i,p]} \tag{5.2}$$

根据上述假设可以得到标准的竞争性理性预期均衡模型，证明过程和市场均衡解与维夫斯（1995）一样。知情交易者的需求计划和市场的均衡价格如定理5.1所示。

定理5.1：*在静态的理性预期均衡模型中，市场存在唯一的线性均衡，知情交易者需求计划和均衡价格分别为：*

$$x_i=\beta(s_i-p) \tag{5.3}$$

$$p=\lambda_0 z_0+(1-\lambda_0\beta)\bar{v} \tag{5.4}$$

其中，$\beta=\rho^{-1}\tau_\varepsilon$；$\lambda_0=\tau_0^{-1}\tau_u\beta$；$z_0=\beta v+u$；$\tau_0=\tau_v+\tau_u\beta^2$。

均衡中，知情交易者买卖策略取决于他的私人信息与市场价格的差值，私人信息高于市场价格则执行买策略，否则执行买策略。交易强度 β 与私人信息精度成正比，与交易者风险厌恶系数成反比。

λ_0^{-1} 表示市场深度，它反映价格变化 1 个单位所吸收的市场交易量，与噪声交易精度成反比，与知情交易者信息精度和风险厌恶系数呈非单调关系。市场深度越大，则市场的流动性越高，价格能充分反映资产清算价值。$\tau_0 = Var^{-1}[v|p]$ 为价格的信息含量，随噪声交易量的精度和知情交易者交易强度的增加而增加。

5.1.2 非知情交易者操纵市场条件下的均衡

5.1.1 节中分析了知情交易者根据私人信息提交需求计划的竞争性理性预期均衡模型。由于每个交易者在市场占的份额极小，因而所有的交易者并不考虑自己的交易行为对价格产生的影响。本节引入两类交易者：非知情操纵者和跟随者。非知情操纵者具有一定的市场影响力，他没有私人信息，只能通过传播噪声信息获利。跟随者是 $[0, \alpha]$ 上可测的连续统型交易者，他们根据非知情操纵者传达的信息进行交易，否则不进行交易。假设非知情操纵者只能利用其市场影响力将自己私人信息传播给跟随者，而市场中其他交易者不会知道该信息（比如电视荐股会使观看视频节目的投资者接收操纵信息，其他投资者难以及时获取该信息）。

如果操纵者的效用由于操纵市场而增大，则他选择操纵市场，否则他没有操纵市场的动机。除操纵者以外，令其他交易者即使有操纵市场的动机，也没有操纵市场的能力。

令非知情操纵者向跟随者传播信息 $s_j^U = \bar{v} + \varepsilon_j$，$\varepsilon_j \sim N(0, \tau_{\varepsilon j}^{-1})$，$\tau_\varepsilon$ 是非知情操纵者传播的信息精度，他提交需求计划为 $m_j^U = \omega^U s_j^U + d^U(p)$，$d^U(p)$ 是价格的线性函数。对所有交易者需求计划求和时，非知情操纵者的需求计划可以忽略不计（这是由于相对于众多的知情交易者、跟随者和流动相交易者而言，非知情操纵者的数量可以忽略不计）。跟随者收到的信息为 $t_k^U = s_j^U + \eta_k$，$\eta_k \sim N(0, \tau_\eta^{-1})$，$\eta_k$ 与 $\{v, \varepsilon_i, \varepsilon_j, u\}$ 相互独立。跟随者平均信息等于 $\frac{1}{\alpha}\int_0^k t_k^U dk = s_j^U$，并且认为资产清算价值以及做市商定价均是基于非知情操纵者传播的信号 s_j^U，而非 v，否则这些交易者就会陷入自相矛盾的状态。令跟随者提交的需求计划为私人信息和价格的线性函数 $f_k^U = \gamma^U t_k^U + g^U(p)$，$g^U(p)$ 是市场价格的线性函数。知情交易者、噪声交易者和做市商与基础模型一样。

做市商无法分辨订单来自哪类交易者，只观察到总订单流为 $L^U(p)=\int_0^1 x_i di+\int_0^\alpha f_k^U dk+u=z^U+\alpha\gamma^U\bar{v}+\alpha\gamma^U g^U(p)+h(p)$，其中，$z^U=\beta v+\alpha\gamma^U\varepsilon_j+u$。

非知情操纵者和跟随者都拥有 CARA 型效用函数。效用函数分别为 $U_j^{UM}=-\exp(-\rho\pi_j^{UM})$ 和 $U_k^{UF}=-\exp(-\rho\pi_k^{UF})$，其中，$\pi_j^{UM}=(v-p)m_j^U$；$\pi_k^{UF}=(s_j^U-p)f_k^U$。非知情操纵者的信息集为 $\{s_j^U,\ z^U\}$，跟随者的信息集为 $\{t_k^U,\ z^U\}$，他们最大化个人效用等价于最大化式（5.1）。

定理 5.2：含非知情交易者的市场均衡时，知情交易者和跟随者的交易策略为：

$$x_i=\beta(s_i-p^U) \tag{5.5}$$

$$f_k^U=\gamma^U(t_k^U-p^U) \tag{5.6}$$

$\beta=\rho^{-1}\tau_\varepsilon$，$\gamma^U=\rho^{-1}\tau_\eta$。市场均衡价格为：

$$p^U=\lambda^U z^U+(1-\lambda\beta)\bar{v} \tag{5.7}$$

其中，$\lambda^U=\frac{\beta}{\tau^U}\frac{\tau_u\tau_{\varepsilon j}}{\alpha^2\gamma^{U2}\tau_u+\tau_{\varepsilon j}}$；$z^U=\beta v+\alpha\gamma^U\varepsilon_j+u$；$\tau^U=\tau_v+\frac{\beta^2\tau_u\tau_{\varepsilon j}}{\alpha^2\gamma^{U2}\tau_u+\tau_{\varepsilon j}}$。

证明：知情交易者和跟随者都知道做市商根据总需求计划预期资产清算价值，不同的是知情交易者知道资产清算价值 v 的分布，而跟随者认为资产清算价值服从 s_j^U 的分布，且认为做市商也对 s_j^U 进行预期。无论哪种情况，z^U 始终是市场价格的充分统计量。

做市商定价为：$p^U=E[v\mid z^U]=\frac{\beta}{\tau^U}\frac{\tau_u\tau_{\varepsilon j}}{\alpha^2\gamma^{U2}\tau_u+\tau_{\varepsilon j}}z^U+\tau_v\bar{v}$，根据式（5.2）和 z^U 是价格 p^U 的充分统计量计算得：$x_i=\frac{E[v-p^U\mid s_i,z^U]}{\rho Var[v-p^U\mid s_i,z^U]}=\frac{\tau_\varepsilon}{\rho}(s_i-p^U)$。

最大化跟随者效用函数得到他们最优策略为：$f_k=\frac{E[s_j-p^U\mid t_k^U,z^U]}{\rho Var[s_j-p^U\mid t_k^U,z^U]}$，其中，$E[s_j-p^U\mid t_k^U,z^U]=E[s_j\mid t_k^U,z^U]-p^U$；$Var[s_j-p^U\mid t_k^U,z^U]=Var[s_j\mid t_k^U,z^U]$。根据多维正态分布条件期望和条件方差的性质得到：

$$E[s_j\mid t_k^U,z^U]=E[s_j\mid z^U]+\frac{Cov(s_j,t_k^U\mid z^U)}{Var[t_k^U\mid z^U]}(t_k^U-E[t_k^U\mid z^U])$$

$$Var[s_j\mid t_k^U,z^U]=Var[s_j\mid z^U]-\frac{Cov^2(s_j,t_k^U\mid z^U)}{Var[t_k^U\mid z^U]}$$

由于跟随者认为做市商制定的价格 $p^U = E[s_j \mid z^U]$，η_k 与其他随机变量独立，故 $E[s_i - p^U \mid t_k^U, z^U] = \frac{Var[s_j \mid z^U]}{\tau_\eta^{-1} + Var[s_j \mid z^U]}(t_k^U - p^U)$，$Var[s_i - p^U \mid t_k^U, z^U] = \frac{\tau_\eta^{-1} Var[s_j \mid z^U]}{\tau_\eta^{-1} + Var[s_j \mid z^U]}$。因此，跟随者提交的需求计划 $f_k^U = \frac{\tau_\eta}{\rho}(t_k^U - p^U)$。

证毕。

从定理5.2中可以看出，非知情交易者操纵市场时，跟随者提交的需求计划与知情交易者类似，买卖策略取决于私人信息与市场价格的高低，交易强度与私人信息精度成正比，与风险厌恶系数成反比。跟随者的交易策略与知情交易者类似主要是因为跟随者充分信任操纵者传播的信息，认为操纵者传递的信息就是资产清算价值。均衡价格与无市场操纵情况类似，是z^U和清算价值均值$\bar{v}$的线性组合。与基本模型不同的是，市场深度和价格的信息含量随着跟随者进入市场而发生了变化。

推论5.1：市场中含非知情操纵者时，市场深度增加，随 $\alpha\gamma^U$ 的增加而增加，随 $\tau_{\varepsilon j}$ 的增加而降低；价格中的信息含量降低，是 $\alpha\gamma^U$ 的减函数，是 $\tau_{\varepsilon j}$ 的增函数。

非知情操纵者释放的信息只含噪声，当跟随者基于此噪声信息交易时会使市场中噪声交易的方差增大。由于市场深度和噪声交易量的方差成正相关关系，所以非知情操纵下市场深度增加。跟随者比例或对私人信息反应强度越大，噪声信息的方差就越大，市场深度就越高。反之，非知情操纵者传播的信息精度增加将降低市场中的噪声，市场深度降低。

5.1.3 知情交易者操纵市场条件下的均衡

本节分析操纵者是知情交易者时的市场均衡，其中知情操纵者在市场中占的比例极小，私人交易不影响市场价格。知情操纵者利用市场影响力操纵跟随者，使跟随者基于知情操纵者的信息进行交易。令跟随者仍然是在 $[0, \alpha]$ 可测的连续统型交易者，根据知情操纵者传播的信息进行交易，否则不进行交易。知情操纵者传播的信息只有跟随者能捕获，其他交易者不能获得知情操纵者的信息。

与非知情操纵者一样，知情操纵者只有在个人效用增大时才会选择操纵市场，否则没有操纵市场的动机。

考虑知情操纵者总是操纵市场的情况。令知情操纵者收到私人信息为 $s_j^I = v + \varepsilon_j$，$\varepsilon_j$ 和非知情操纵者传播的信息一样。该交易者提交需求计划为：$m_j^I = \omega^I s_j^I + d^I(p)$，$d^I(p)$ 是价格的线性函数。对交易者需求计划求和时，知情操纵者的需求计划也可以忽略不计（与非知情操纵者的需求计划可以忽略不计的原因一样）。跟随者收到的信息为 $t_k^I = s_j^I + \eta_k$。所有跟随者的平均信息仍为 s_j，且认为资产清算价值以及做市商定价均是基于知情操纵者的信号 s_j^I。跟随者提交的需求计划为：$f_k^I = \gamma^I t_k^I + g^I(p)$，其中 $g^I(p)$ 是市场价格的线性函数。做市商观察到的总订单信息为：$L^I(p) = \int_0^1 x_i di + \int_0^\alpha f_k^I dk + u = z^I + \alpha\gamma^I g^I(p) + h(p)$，其中 $z^I = \beta v + \alpha\gamma^I s_j + u$。

知情操纵者信息集为 $\{s_j^I, z^I\}$，效用函数和利润分别为 $U_j^{IM} = -\exp(-\rho\pi_j^{IM})$，$\pi_j^{IM} = (v-p)m_j^I$。跟随者的信息集为 $\{t_k^I, z^I\}$。据此得到市场中存在知情操纵者时的均衡。

定理 5.3：含知情操纵者的竞争性市场中存在唯一均衡，知情交易者和跟随者提交的需求计划分别为：

$$x_i = \beta(s_i - p^I) \tag{5.8}$$

$$f_k^I = \gamma^I(t_k^I - p^I) \tag{5.9}$$

其中，$\beta = \rho^{-1}\tau_\varepsilon$，$\gamma^I = \rho^{-1}\tau_\eta$。市场均衡价格为：

$$p^I = \lambda^I z^I + [1 - \lambda^I(\beta + \alpha\gamma^I)]\bar{v} \tag{5.10}$$

其中，$\lambda^I = \frac{\beta+\alpha\gamma^I}{\tau^I}\frac{\tau_u\tau_{\varepsilon j}}{\alpha^2\gamma^{I2}\tau_u + \tau_{\varepsilon j}}$，$z^I = \beta v + \alpha\gamma^I s_j + u$，$\tau^I = \tau_v + \frac{(\beta+\alpha\gamma^I)^2\tau_u\tau_{\varepsilon j}}{\alpha^2\gamma^{I2}\tau_u + \tau_{\varepsilon j}}$。

证明过程与定理 5.2 类似。

从定理 5.1 ~ 定理 5.3 可以看出，市场中操纵者类型不影响跟随者提交的需求计划，操纵者的有无不影响知情交易者的需求计划。

推论 5.2：（1）如果 $\tau_v < \beta(\beta+\alpha\gamma^I)\tau_u$：则市场操纵者信息精度 $\tau_\varepsilon \in \left(0, \frac{\alpha\gamma\beta\tau_u\tau_v}{\tau_v - \beta(\beta+\alpha\beta\gamma^I)\tau_u}\right)$ 时，市场操纵会增加市场深度；$\tau_\varepsilon \in \left(\frac{\alpha\gamma\beta\tau_u\tau_v}{\tau_v - \beta(\beta+\alpha\beta\gamma^I)\tau_u}, +\infty\right)$ 时，市场操纵会降低市场深度；（2）如果 $\tau_v > \beta(\beta+\alpha\gamma^I)\tau_u$，则市场操纵降低市场深度。

与非知情者操纵市场不同，非知情操纵者释放的是风险资产的不完全信息，而不仅仅是噪声，因而市场深度不一定增加。图 5.1 描述了知情操纵者信息精度对市场深度的影响，横轴为知情操纵者信息精度，纵轴 $\Delta\lambda^{-1}=\lambda^{I-1}-\lambda_0^{-1}$。(a) 图是 $\tau_v<\beta(\beta+\alpha\gamma^I)\tau_u$ 的情况，此时知情操纵者只会增加市场深度；(b) 图是 τ_v 小于 $\beta(\beta+\alpha\gamma^I)\tau_u$ 的情况，知情操纵者信息精度低时，市场深度增加，否则市场深度降低。

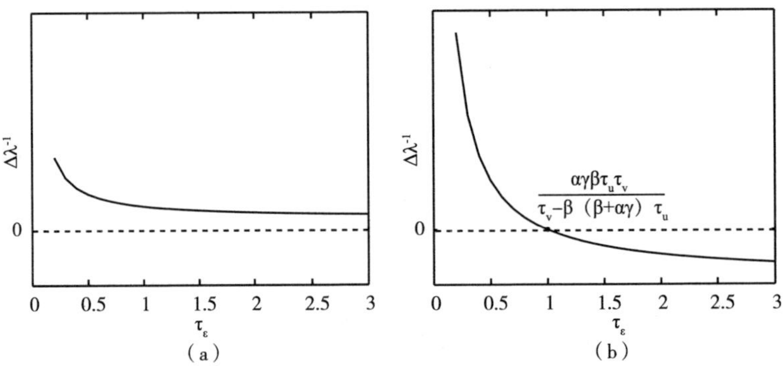

图 5.1 知情操纵者信息精度对市场深度的影响

推论 5.3：市场操纵者信息精度 $\tau_{\varepsilon j}$ 大于 $\alpha\gamma^I\beta^2(\alpha\gamma^I+\beta)^{-1}\tau_u$ 时，知情操纵者将增加价格信息含量，否则信息含量减少；当 $\alpha\gamma^I$ 小于 $\beta\tau_\varepsilon(\beta^2\tau_u-\tau_\varepsilon)^{-1}$ 时，执行操纵者将增加价格的信息含量高，否则信息含量减少。

$\tau_{\varepsilon j}^{-1}$、$\alpha\gamma^I$ 分别反映了知情操纵者释放噪声信息的大小和对市场的影响能力。当释放的噪声信息方差和对市场的影响能力大时，价格的信息含量降低，否则价格的信息含量增加。

5.2 操纵者的策略分析

5.2.1 非知情操纵者的操纵策略

跟随者基于操纵者传递的信息进行交易导致价格中含有的操纵者私人信息的比例增加。非知情操纵者估计资产清算价值时，私人信息集 $\{s_j^U, z^U\}$ 等价于 $\{z_0\}$。由 CARA 型效用函数得到操纵者交易策略应为：

$$m_j^U=\frac{E[v-p^U\mid s_j^U,z_0]}{\rho Var[v-p^U\mid s_j^U,z_0]} \tag{5.11}$$

均衡价格 $p^U=E[v|z^U]$，其中，$z^U=\alpha\gamma^U s_j^U+z_0$，同时 $E[v-p^U|s_j^U,z_0]=E[v|s_j^U,z_0]-p^U$，$Var[v-p^U|s_j^U,z_0]=Var[v|s_j^U,z_0]$ 仍成立。结合定理 5.1 和定理 5.2 中的结论可得到非知情操纵者提交的需求计划。

定理 5.4：非知情交易者操纵市场的均衡下，非知情操纵者的需求计划如下：

$$m_j^U=-\frac{1}{\rho}\beta\alpha\gamma^U\tau_u\varepsilon_j+\frac{\alpha^2\gamma^{U2}\tau_u\tau_v}{\rho\tau_\varepsilon}p^U-\frac{\alpha^2\gamma^{U2}\tau_u}{\rho\tau_\varepsilon}\bar{v} \tag{5.12}$$

成交的交易量为：

$$m_j^U=-\frac{\alpha\gamma^U(\tau^U-\tau_v)\tau_0}{\rho\beta\tau^U}\varepsilon_j+\frac{1}{\rho}\left[\beta\tau_u-\frac{(\tau^U-\tau_v)\tau_0}{\beta\tau^U}\right]z_0+\frac{1}{\rho}\left(1-\frac{\tau_0}{\tau^U}\right)\tau_v\bar{v} \tag{5.13}$$

从式（5.12）和式（5.13）中 ε_j 的系数可以看出，当操纵者是非知情交易者时，其需求计划与自己传播的信息负相关，与市场价格正相关。这是由于非知情交易者知道自己传播的信息是谣言，他利用市场影响力操纵市场而获利，因而反向利用自己传播的信息。然而价格和 z_0 中包含知情交易者平均信息，所以操纵者对价格和 z_0 的反应系数都为正。操纵者不操纵市场时，交易量为 0，个人效用的期望为最小值 -1，一旦他们操纵市场，效用的期望增加。因此，操纵者为非知情交易者时，一定会选择操纵市场。

5.2.2　知情操纵者的操纵策略

市场中存在知情操纵者时，操纵者的信息集为：$\{s_j^I,\ z^I\}$，也可以从信息 z^I 中剔除 s_j^I，因此，知情操纵者估计资产清算价值时，信息集等价于 $\{s_j^I,\ z_0\}$。由 CARA 型效用函数得到操纵者交易策略应为：

$$m_j^I=\frac{E[v-p^I|s_j^I,z_0]}{\rho Var[v-p^I|s_j^I,z_0]} \tag{5.14}$$

同理 $E[v-p^I|s_j^I,z_0]=E[v|s_j^I,z_0]-p^I$，$Var[v-p^I|s_j^I,z_0]=Var[v|s_j^I,z_0]$ 成立。结合定理 5.1 和定理 5.3 中的结论可得到知情操纵者提交的需求计划。

定理 5.5：市场操纵存在时，均衡状态下操纵者的需求计划如下：

$$m_j^I = \frac{\tau_{\varepsilon j} - \beta\alpha\gamma^I\tau_u}{\rho}s_j^I + \frac{1}{\rho}\left[\alpha\gamma^I\beta\tau_u + \frac{(\alpha\gamma^I\beta\tau_u - \tau_\varepsilon)\alpha\gamma^I\tau_v}{\tau_\varepsilon(\beta + \alpha\gamma^I)}\right]p^I + \frac{\alpha\gamma^I\tau_\varepsilon - \alpha^2\gamma^{I2}\beta\tau_u}{\rho(\beta + \alpha\gamma^I)\tau_\varepsilon}\tau_v\bar{v} \tag{5.15}$$

成交的交易量为：

$$m_j^I = \left[\frac{\tau_\varepsilon}{\rho} - \frac{\alpha\gamma^I(\tau^I - \tau_v)\tau_0}{\rho(\beta + \alpha\gamma^I)\tau^I}\right]s_j^I + \left[\frac{\beta\tau_u}{\rho} - \frac{(\tau^I - \tau_v)\tau_0}{\rho(\beta + \alpha\gamma^I)\tau_1}\right]z_0 + \left(\frac{1}{\rho} - \frac{\tau_0}{\rho\tau_1}\right)\tau_v\bar{v} \tag{5.16}$$

式（5.15）是操纵者提交的需求计划，式（5.16）是市场均衡状态下操纵者实际的交易量。与式（5.15）相比，式（5.16）中 s_j 的系数是市场操纵者对私人信息真正的反应强度。跟随者依据操纵者信息交易使价格中包含更多操纵者的信息，因此，将式（5.15）中价格包含的操纵者的信息分离出来才得到操纵者对私人信息的反应强度。

知情交易者是否会利用自身市场影响力操纵市场取决于交易发生前操纵市场带来的期望效用是否会增加。若他不操纵市场，则最大的无条件期望效用为：

$$E\left\{-\exp\left\{-\frac{E[v - p \mid s_j^I, z_0]^2}{2Var[v - p \mid s_j^I, z_0]}\right\}\right\} = -\sqrt{\frac{\tau_0}{\tau_0 + \tau_\varepsilon}} \tag{5.17}$$

若他们操纵市场，则最大的无条件期望效用为：

$$E\left\{-\exp\left\{-\frac{E[v - p \mid s_j^I, z_0]^2}{2Var[v - p \mid s_j^I, z_0]}\right\}\right\} = -\sqrt{\frac{\tau^I}{\tau_0 + \tau_\varepsilon}} \tag{5.18}$$

比较式（5.17）和式（5.18）看出，投资者是否要操纵市场取决于他们对资产价格信息含量的影响程度，即 τ^I 和 τ_0 的大小。当满足：

$$\alpha\gamma^I\tau_{\varepsilon j} + 2\beta\tau_{\varepsilon j} < \beta^2\alpha\gamma^I\tau_u \tag{5.19}$$

时（$\tau^I < \tau_0$），操纵市场使操纵者的期望效用变大，即操纵行为的发生一般都表现为价格信息含量的降低。

知情交易者操纵市场动机的原因主要来自两个方面。一方面是操纵能力。式（5.19）中 $\alpha\gamma^I$ 反映交易者的操纵能力，跟随知情交易者的人数越多或他们对操纵者越信任，则 $\alpha\gamma^I$ 越大，知情交易者的操纵能力越强。当 $\tau_{\varepsilon j} < \beta^2\tau_u$

时，跟随者规模越大或他们对知情交易者越信任，则知情交易者越有可能操纵市场。另一方面是操纵者的私人信息相对于其他知情交易者是否更精确，当操纵者的私人信息更精确时，他向跟随者传递的信息也会更精确，使均衡价格变得更有效，无法实现增加期望效用的目的。

5.3　基于交易行为的市场操纵影响分析

澳大利亚股票交易所指出，买卖报价是预测未来市场活跃程度的重要指标，大量交易者利用限价指令簿分析市场信息和预测价格，部分机构投资者据此操纵市场。电子式限价指令簿的广泛使用使交易者既可以根据私人信息向市场提交市价、限价等指令，也可以利用限价指令簿的变动提取有效信息。本书中，将交易者提交的指令广义化为需求计划，通过市场出清确定均衡价格。现有研究中，部分学者认为知情交易者只提交市价指令，不愿意耐心等待限价指令的成交，只有非知情交易者才提交限价指令，限价指令簿的变化不受信息影响。但大量实证研究指出，限价指令簿中的Round-trip Cost、限价指令的波动、买卖价差、报价深度以及买卖指令的不平衡程度等指标与未来收益显著相关，交易者很可能基于私人信息提交限价指令。与此同时，交易者有动机利用限价指令簿操纵市场：通过提交大量限价买单向市场释放利好消息（操纵者不一定真的获得资产价值信息），待股价提升后反向卖出，该操纵手法为基于交易行为的操纵。因此，本部分研究限价指令簿中的不同指标携带的信息内容以及在市场操纵下的变化，为本书前述章节提供实证基础的同时，又为甄别市场操纵行为提供了方法。

过去数十年间，INET、ArcaEx、ReutersD2000 - 2 等电子交易系统迅速占据全球证券市场，交易者通过这些系统可以用很低成本获得限价指令簿信息。与此同时，知情交易者的指令选择（限价指令还是市价指令）问题成为研究者关注的焦点。早期理论研究中，韩达和施瓦茨（Handa and Schwartz，1996）、韩达等（Handa et al.，2003）、哈里斯（Harris，1998）、帕拉（Parlour，1998）、福考尔特（Foucault，1999）、罗苏（Rosu，2010）等学者认为限价订单能预测短期收益（意味着限价指令簿包含资产价值信息，故知情交易者会提交限价指令）。而格洛斯滕（Glosten，1994）、洛克（Rock，1996）、塞皮（Seppi，1997）等学者认为知情交易者只提交市价指令。福考尔特等

(2007) 指出交易系统按时披露指令提交者信息时，知情交易者更愿意选择市价订单，限价指令簿几乎不含信息；匿名的交易系统中，噪声交易行为为知情交易者提供掩护，促使知情交易者有动机提交限价指令，增加限价指令簿包含的信息。匿名交易系统中，操纵者有动机伪装成知情交易者提交限价指令，推动资产价格向某一方向变动，然后通过反向交易获利。

实证研究主要分析限价指令簿变化对资产未来收益率的解释能力，并据此探讨知情交易者指令类型选择问题。查尔斯等（Charles et al.，2009）通过分析发现限价指令簿包含股票后验收益率的信息。卡瓦耶奇（Kavajecz，1999）、哈里斯和潘恰帕桑（Harris and Panchapagesan，2005）等的研究都证明资产收益可以由限价指令簿中的信息进行预测。

为利用限价指令簿预测资产未来收益率，不同学者选取了不同指标展开研究，包括波动率、流动性、市场深度、买卖价差等。查尔斯等（2009）的研究选取澳大利亚股票交易所数据，探索指令簿中最优报价包含的信息。他们发现，指令簿信息对价格发现的贡献程度约为22%，买卖指令的不均衡程度与未来收益率呈显著相关关系。哈里斯和潘恰帕桑（2005）发现限价指令簿的深度包含短期价格变化的信息。赫尔斯特伦和西蒙森（Hellström and Simonsen，2006）通过时间序列方法研究得出指令簿的最优买卖报价包含未来收益率的信息，指令簿的变动与买卖指令的不平衡都与未来价格变化显著相关。安等（Ahn et al.，2001）发现风险资产收益率的波动性随限价指令簿深度的增加而降低。纳斯和斯凯托普（Næs and Skjeltorp，2006）发现交易量的波动性与限价指令簿斜率负相关。帕斯夸尔和埃尔达斯（Pascual and Veredas，2006）将限价指令簿的波动分解为噪声波动和信息波动，结论显示，报价深度、最优报价、指令簿的不均衡程度都包含资产短期收益率信息。上述研究从实证的角度说明知情交易者不仅提交市价指令，也可能提交限价指令，导致限价指令簿包含未来价格变动信息。知情交易者提交限价指令的原因研究中，大量学者将其归于交易者面临的逆向选择风险。格洛斯滕（1994）指出由于提交限价指令的交易者面临其订单被知情交易者的市价订单执行的风险，因此，他们提交指令时要求风险溢价补偿，导致指令簿流动性降低。福考尔特等（2007）的模型也假设限价指令流中包含未来收益率的信息，尤其持有不精确信息的知情交易者，他们通过提交限价指令来降低面临的逆向选择风险。

限价指令簿包含资产价值信息的事实改变了非知情交易者的预期，使他们调整交易策略。基于此，操纵者有动机向限价指令簿提交不以成交为目的的限价订单，从而达到推动资产价格向某一方向移动的目的。例如，中国证券监督管理委员会于2019年3月21日发布的行政处罚决定书中指出，2015年2月13日10：29：09至11：07：32，操纵者控制账户组分别以1档、2档、3档、4档、5档价格分9次共申买231100股，后全部撤单，被操纵股票涨停至收盘；2015年7月24日9：47：28至10：58：40，操纵者控制账户组共申报6笔买单，共计1181900股，其中4次申买为涨停价，累计申买1359500股，成交277900股，同期间4次撤单1081600股。

目前针对市场操纵的研究主要集中于操纵的识别和预测。主要通过各种数学工具区分操纵交易日和非操纵交易日，进而识别操纵行为。迟国泰等（2006）选用资金、价格、持仓量等三类指标来反映期货交易中的操纵风险，采用非线性映射分析将交易中存在操纵风险的交易日分离成独立的点群，根据离差极小、最大欧氏距离等原理提出操纵风险阈值计算方法及操纵风险判定方法。鲁姣等（2008）选取期货价格波动率、持仓量波动率和收益率三个指标，通过加权得到了一个综合衡量操纵风险的信号值，并借此建立了预警期货市场操纵风险的模型。熊熊等（2011）通过建立Logistic回归模型，将股指期货是否被操纵的问题转化为根据一定时期内股指期货操纵时间的预警模型。总的来说，操纵研究大多认为操纵者的信息地位是掌握操纵地位的根本保证，这种信息优势很可能加重了市场的信息不对称程度。但当前关于操纵的研究中，很少度量操纵行为对信息风险的影响。

信息风险的度量是金融市场微观结构理论的一个重要主题，准确地度量证券的信息风险对风险管理、资产定价及市场有效性有着重要的意义。通常人们将价格的方差作为风险的指标，然而计量学研究表明，价格的方差受众多因素影响，因而在作为信息风险指标时会存在较大的偏差。目前，度量信息风险时最常用的两个指标是PIN（信息交易概率）和价差分解中的逆向选择风险。PIN是伊斯利等（Easley et al.，1996）依据买卖订单不平衡提出的概念，并给出估计方法，被称为EKOP模型。该模型实证发现知情交易概率同价差显著正相关并有效地解释了股票交易清淡的原因，因而PIN作为信息风险的一种度量被广泛应用。然而PIN是否能真实地度量交易中的信息风险？阿克塔斯等（Aktas et al.，2007）通过事件分析法对信息披露前后进行检验，结果得出PIN与实际相矛盾的结果。马达哈万等（Madhavan et al.，1997）从信息因素及流动性角度将价格形成过程分解开来，从而有效地度量信息风险及流动成本。较 EKOP 模型而言，马达哈万等（1997）的模型直接将流动性因素同信息因素分离，近年来被广泛应用。

本部分分析基于交易行为的操纵对市场中信息不对称和流动性成本的影响，选取马达哈万等（1997）给出的价差分解模型——MRR 模型，以证监会公布的被操纵股票的数据为样本（选取通过 Pump and Dump 策略操纵市场的案例），使用极大似然估计法估计操纵前和操纵期间的信息不对成程度和流动成本，从而得出基于交易行为操纵的影响。

5.3.1 MRR 模型及估计方法

5.3.1.1 MRR 模型

考虑含一个风险资产的市场，风险资产的基本面价值随时间变化，流动性交易者提交买卖报价。令 p_t 表示风险资产在时刻 t 时的交易价格，x_t 是交易方向的指示变量。若 $x_t=1$，则交易者在时刻 t 提交市价买单；若 $x_t=-1$，则交易者在时刻 t 提交市价卖单；$x_t=0$ 表示交易者在买卖方向以相同的概率提交限价单。令 λ 表示交易者提交限价指令的无条件概率，即 $\lambda=\Pr[x_t=0]$。假设提交市价单的买者和卖者数量相等，则 $E[x_t]=0$，$Var[x_t]=1-\lambda$。

交易过程中，交易者的信息更新来自两个方面：（1）与交易无关的公司公告；（2）包含噪声和未来资产价值信息的订单流。公司公告信息的发布可能导致交易者后验信息的变化，但并不一定影响总交易量。用 $\varepsilon_t\sim N(0,\sigma_\varepsilon^2)$ 表示新的公告对市场平均信息的冲击，且令不同期的 ε_t 相互独立。由格洛斯腾和米尔格罗姆（Glosten and Milgrom，1985）模型可知，交易者观察到买（卖）单会增加（减少）对资产真实价值的预期，其更新规则为 $\theta(x_t-E[x_t|x_{t-1}])$，其中，$x_t-E[x_t|x_{t-1}]$ 为从订单流中获取的信息，$\theta\geq0$ 表示市场信息不对称程度。

令 μ_t 表示风险资产交易后的价值，则：

$$\mu_t=\mu_{t-1}+\theta(x_t-E[x_t|x_{t-1}])+\varepsilon_t \tag{5.20}$$

$p_t^a(p_t^b)$ 为 t 时刻交易前的卖（买）价，$\phi\geq0$ 为流动性成本。则交易价格的表达式为：

$$p_t=\mu_t+\phi x_t+\xi_t \tag{5.21}$$

其中，ξ_t 是均值为0的独立同分布的随机变量，表示离散的价格和交易时间所引起的误差。令 $E[x_t | x_{t-1}] = \rho x_{t-1}$，ρ 表示订单的自相关程度。结合式（5.20）和式（5.21）可得：

$$p_t - p_{t-1} = (\phi + \theta)x_t - (\phi + \rho\theta)x_{t-1} + \varepsilon_t + \xi_t - \xi_{t-1} \tag{5.22}$$

上述理论在不考虑有效市场假设和市场摩擦的基础上，引入流动性成本和信息不对称，式（5.22）反映了风险资产价格的变化形式，即 MRR 基本模型。

5.3.1.2 模型估计方法

在 MRR 模型中，存在两个待估计参数影响交易价格的变动：θ（信息不对称程度）和 ϕ（流动性程度）。令 $\beta = (\theta, \phi)$ 表示待估计参数。马达哈万等（1997）采用广义矩估计法（GMM）估计上述参数，令：

$$u_t = p_t - p_{t-1} - (\phi + \theta)x_t + (\phi + \rho\theta)x_{t-1} = \varepsilon_t + \xi_t - \xi_{t-1} \tag{5.23}$$

由独立同分布的假设可得如下矩条件：

$$E\begin{pmatrix} \mu_t \\ x_t x_{t-1} \\ \mu_t x_t \\ \mu_t x_{t-1} \end{pmatrix} = 0 \tag{5.24}$$

GMM 估计 MRR 模型中要求交易价格的残差项相互独立，张强等（2014）考虑了交易价格残差项的相关性，并给出带限定条件及 ARCH 余项的极大似然估计方法。

由式（5.23）可得：

$$E(\mu_t \mu_{t-1}) = E[(\varepsilon_t + \xi_t - \xi_{t-1})(\varepsilon_{t-1} + \xi_{t-1} - \xi_{t-2})] = -E\xi_{t-1}^2 \tag{5.25}$$

即 MRR 模型中价格的残差项存在一阶自相关关系，因此令：

$$u_t = \psi_0 + \psi_1 \mu_{t-1} + a_t \tag{5.26}$$

其中，a_t 为残差项。由于 $E\mu_t = 0$ 且 $E(\mu_t \mu_{t-1}) < 0$，所以 $\psi_0 = 0$，$\psi_1 < 0$。为处理 a_t 存在的异方差性，令 a_t 满足 ARCH(1)，即：

$$a_t = \sigma_t \zeta_t, \sigma_t^2 = b_0 + b_t a_{t-1}^2 \tag{5.27}$$

其中，$b_0>0$，$b_1>0$ 且 $\zeta_t \sim N(0,\sigma_\zeta^2)$ 为独立同分布序列。似然函数为：

$$f(\mu_1,\mu_2,\cdots,\mu_T \mid \Theta) = f(\mu_T \mid \mu_{T-1},\cdots,\mu_1,\Theta) \times f(\mu_{T-1} \mid \mu_{T-2},\cdots,\mu_1,\Theta) \times \cdots \times f(\mu_2 \mid \mu_1,\Theta) \tag{5.28}$$

$f(\mu_1,\mu_2,\cdots,\mu_T \mid \Theta)$ 为联合密度函数，$f(\mu_j \mid \mu_{j-1},\cdots,\mu_1,\Theta)$，$j=1, 2, \cdots, T$ 是条件密度函数，Θ 为模型待估计参数。式（5.28）的条件对数似然函数为：

$$l(\mu_1,\mu_2,\cdots,\mu_T \mid \Theta) = -\sum_{i=2}^{T}\left[\frac{1}{2}\ln\sigma_i^2 + \frac{1}{2}\frac{(\mu_i - \psi_1\mu_{i-1})^2}{\sigma_t^2}\right] \tag{5.29}$$

限定条件为：

$$b_0>0, b_1>0 \tag{5.30}$$

ARCH 模型解决了原模型中残差项面临的异方差问题，限定条件保证估计结果的合理性（否则方差可能为负）。

5.3.2 数据选取与处理

与现有文献一致，操纵下的市场状态研究需要使用证券监督管理部门已经查处的案件数据，通过分析市场在操纵区间与非操纵区间状态的差异，给出市场操纵带来的影响，进一步监管部门侦测市场操纵行为提供甄别方法。

根据证监会网站信息公开资料显示，2019 年 1 月 1 日至 2019 年 12 月 31 日，“行政处罚委”栏目发布行政处罚决定书 127 件、市场禁入决定书 12 件。在“行政复议”栏目发布行政复议决定 95 件，其中涉及市场操纵的行政处罚决定书 13 件。被操纵的证券包括深证 100 交易型开放式指数基金、中小企业板交易型开放式指数基金、中小板 300 交易型开放式指数证券投资基金、创业板交易型开放式指数基金、深证红利交易型开放式指数基金、浩丰科技、南华仪器、山河药辅、中飞股份、柘中股份、丰华股份、拓日新能、粤水电、澳柯玛、海信科龙等 16 只 ETF 和 16 只股票，其间包括一只股票在不同时间段被不同操纵者多次操纵的情况。被操纵的股票涉及沪深两市主板、中小板、创业板及新三板，操纵期间为 2015 年 2 月 12 日至 2018 年 4 月 27 日。本书针对 2019 年证监会发布的被操纵的 16 只股票进行实证分析。使用色诺芬公司（CCER）高频数据库下载被操纵股票的操纵期和非操纵期的分笔交易数据，包括股票名称、代码、成交时间、交易方向、交易价格、成交量以及成交额等信息。每只股票被操纵时间如表 5.1 所示。由于操纵前一个月到操纵结束期间存在除权除息，故通过前复权处理消除该期间除权除息的影响。从操纵日期可以看出，被操纵时间最短为 2 天，最长的间隔近 3 年，从操纵发生到证监会发布行政处罚决定书需要 3～4 年。从股票所述板块来看，创业板和中小板被操纵的股票数量为 9，沪深 A 股票被操纵的数量为 7。结合往年被操纵股票案例可以看出，操纵者倾向于操纵在中小板和创业板市场上市的公司股票。

表 5.1　2019 年证监会公布的被操纵股票信息

股票名称	股票代码	所属板块	被操纵日期
浩丰科技	300419. SZ	创业板	2015/02/12～2015/02/16
南华仪器	300417. SZ	创业板	2016/05/26～2016/05/28
山河药辅	300452. SZ	创业板	2015/07/23～2015/07/28
中飞股份	300489. SZ	创业板	2016/03/31～2016/04/01
柘中股份	002346. SZ	中小板	2016/11/10～2016/11/28
丰华股份	600615. SH	沪市 A	2016/02/02～2016/03/16
拓日新能	002218. SZ	中小板	2016/03/10～2016/04/07
粤水电	002060. SZ	中小板	2016/03/30～2016/05/31
澳柯玛	600336. SH	沪市 A	2016/04/22～2016/05/20
海信家电	000921. SZ	深市 A	2016/05/17～2016/06/03
吉林化纤	000420. SZ	深市 A	2015/10/27～2016/08/01
金利华电	300069. SZ	创业板	2015/10/08～2018/04/27
神开股份	002278. SZ	中小板	2016/10/14～2017/04/19
菲达环保	600526. SH	沪市 A	2015/12/17～2016/07/19
人民网	603000. SH	沪市 A	2016/06/17～2016/06/23
东风科技	600081. SH	沪市 A	2016/06/2～2016/06/08

注：菲达环保被操纵期间包含多个阶段，分别为 2015/12/17－2015/12/22，2016/04/27－2016/04/28，2016/06/06－2016/06/15，2016/06/27－2016/06/28，2016/07/11－2016/ 07/19。

资料来源：证监会网站。

5.3.3 实证结果及分析

5.3.3.1 描述性统计

本书选取表5.1中股票的操纵期和操纵前一个月的数据作为样本，数据来源于色诺芬（CCER）高频数据库。在我国，沪深证券交易所均是纯指令驱动市场，投资者提交的指令全部通过电子指令簿进行撮合成交，每周周一至周五为交易日，其中9：15至9：25为集合竞价时段（9：15~9：20可以撤单，9：20~9：25不可撤单），9：30~11：30和13：00~15：00为连续竞价交易阶段（深市在14：57~15：00为集合竞价阶段，沪市为连续竞价交易阶段）。沪深股票只允许提交限价指令，不能成交的指令将进入限价指令簿（limit order book）中，最小报价单位为1分，最小交易量为一手（100股），交易遵循“价格优先，时间优先”的原则。本书选取的数据从9：30开始，同时剔除非正常交易时段的数据及错误数据。

表5.2和表5.3描述了每只股票被操纵前和操纵期间每笔成交价格的方差、平均价格、买方日均发起数和样本容量。从表中可以看出，市场操纵发生时，每日的平均交易笔数至少不低于操纵前的平均值（澳柯玛、神开股份除外，其中澳柯玛受山东问题疫苗案波及，造成2016年3月22日后订单成交量激增，且主动卖单多于主动买单。神开股份被操纵前经历了两个多月的停牌）。这与交易者通过不断买入卖出操纵控制价格的行为推断一致。被操纵股票的平均价格在操纵期间也明显大于操纵前后，说明操纵者大多通过先哄抬股价再卖出获利方式操纵。从成交价格的波动性来看，操纵期间成交价格的波动性明显大于操纵前，说明操纵行为增加了市场波动。

表5.2　　操纵前股票市场的描述性统计

股票名称	成交价格方差	平均价格	买方日均发起笔数	卖方日均发起笔数	样本容量
浩丰科技	53.4358	106.0285	1329	1527	42840
南华仪器	8.2697	74.6427	756	866	32447
山河药辅	334.0863	77.9926	1890	2022	86068
中飞股份	26.2971	66.8048	1236	1359	59695
柘中股份	0.0586	17.7740	1256	1421	61584

续表

股票名称	成交价格方差	平均价格	买方日均发起笔数	卖方日均发起笔数	样本容量
丰华股份	2.8417	17.1787	1038	1121	45333
拓日新能	0.1616	7.8959	1522	1809	59944
粤水电	0.0577	6.5503	2378	2492	107147
澳柯玛	0.1189	6.8259	5381	6080	252133
海信家电	0.0766	7.5318	1698	1874	71429
吉林化纤	0.0612	6.0742	3092	3363	103274
金利华电	1.2081	18.5906	1320	1355	45474
神开股份	0.5272	14.0082	5587	6290	296925
菲达环保	1.2110	19.2103	1577	1687	717957
人民网	0.2346	16.4879	4478	4766	194120
东风科技	0.5174	15.7069	2533	3102	129626

表5.3　　操纵期股票市场的描述性统计

股票名称	成交价格方差	平均价格	买方日均发起笔数	卖方日均发起笔数	样本容量
浩丰科技	50.4212	118.8225	3113	3263	38257
南华仪器	0.5313	38.3994	1707	1501	9628
山河药辅	44.8836	82.1417	2433	2404	19354
中飞股份	5.4656	80.4798	2260	2314	9149
柘中股份	6.0561	24.5792	12017	9628	281393
丰华股份	0.2779	18.4156	1446	1333	75080
拓日新能	0.2227	8.8164	3183	3315	168968
粤水电	0.1313	7.0996	2592	2788	231396
澳柯玛	0.0403	6.5076	3908	3788	153936
海信家电	0.0874	7.7326	2210	2438	65074
吉林化纤	0.5183	7.6101	3393	3719	1351458
金利华电	48.3908	32.2747	1177	1209	1276460
神开股份	2.1881	16.8100	2518	2812	671797
菲达环保	7.6890	15.4962	10172	9209	406472
人民网	0.0221	16.2823	3856	4179	40181
东风科技	0.2182	16.4429	4590	4419	45046

5.3.3.2 参数估计与检验

表5.4为市场操纵前和操纵期间信息不对称程度和流动性成本的估计结果。从结果中可以看出，有11只股票的市场信息不对称参数θ在操纵期间高于操纵发生前，同样有11只股票的流动性成本ϕ在操纵期间高于操纵发生前。

表5.4 操纵前和操纵期间的参数估计结果

股票名称	操纵前		操纵期间	
	θ	φ	θ	φ
浩丰科技	1.9933×10^{-2}***	5.1145×10^{-2}***	2.2148×10^{-2}***	5.6856×10^{-2}***
南华仪器	1.8732×10^{-2}***	2.7388×10^{-2}***	1.8716×10^{-2}***	3.7076×10^{-2}***
山河药辅	2.4167×10^{-2}***	4.7076×10^{-2}***	2.9411×10^{-2}***	4.9088×10^{-2}***
中飞股份	1.8852×10^{-2}***	2.7840×10^{-2}***	2.4088×10^{-2}***	3.0325×10^{-2}***
柘中股份	1.7188×10^{-3}***	4.4039×10^{-3}***	4.0171×10^{-3}***	9.0082×10^{-3}***
丰华股份	7.0256×10^{-3}***	1.1095×10^{-2}***	8.4624×10^{-3}***	1.1230×10^{-2}***
拓日新能	1.3787×10^{-3}***	4.3950×10^{-3}***	8.8733×10^{-4}***	4.3953×10^{-3}***
粤水电	7.1749×10^{-4}***	4.5843×10^{-3}***	6.3258×10^{-4}***	4.3634×10^{-3}***
澳柯玛	4.4328×10^{-04}***	4.2660×10^{-3}***	6.6451×10^{-4}***	4.0927×10^{-3}***
海信家电	1.4027×10^{-3}***	6.1825×10^{-3}***	1.2207×10^{-3}***	6.9030×10^{-3}***
吉林化纤	6.4673×10^{-4}***	4.0525×10^{-3}***	9.4627×10^{-4}***	4.4557×10^{-3}***
金利华电	7.0428×10^{-3}***	8.1596×10^{-3}***	9.4357×10^{-3}***	1.8777×10^{-2}***
神开股份	1.0735×10^{-3}***	4.4638×10^{-3}***	1.9253×10^{-3}***	5.0714×10^{-3}***
菲达环保	1.4140×10^{-3}***	5.1754×10^{-3}***	5.3091×10^{-4}***	4.6163×10^{-3}***
人民网	1.0484×10^{-3}***	4.5800×10^{-3}***	1.1425×10^{-3}***	4.3042×10^{-3}***
东风科技	1.4515×10^{-3}***	4.545×10^{-3}***	1.4667×10^{-3}***	4.3414×10^{-3}***
均值	6.6905×10^{-3}	1.3710×10^{-2}	7.8560×10^{-3}	1.5932×10^{-2}

注：*** 表示以大于99.9%的概率显著，** 表示以大于99%的概率显著，* 表示以大于95%的概率显著。

为验证市场操纵确实影响均衡时的市场参数，以下对操纵前后的参数差进行Wilcoxon单边检验。原假设为：市场参数{θ，ϕ}在操纵前和操纵期间的值相等。备择假设为：操纵前期和操纵期间市场参数{θ，ϕ}的值不相等。检验结果表明，操纵期间的信息不对称参数和流动性成本以5%的显著性水平高于操纵发生前。

结合 MRR 模型的推导过程可知，造成操纵期间信息不对称和流动性成本上升的可能愿意为：操纵行为改变了其他投资者对资产价格变化的预期，当非正常的交易（比如频繁撤单、高换手率、内外盘比等）发生时，投资者认为订单包含更多资产价值信息，此时，主动买入（或卖出）成交导致投资者更加确信资产内在价值会增加（或减少）；随着市场信息不对称程度的增加，投资者面临的逆向选择风险增加，为市场提供流动性的动机降低，此时，一单位外生冲击对价格的影响更大，流动性成本增加。

5.4　本章小结

本章先给出了大市场下标准的理性预期均衡模型。市场中不存在操纵者的情况下存在唯一均衡；知情交易者交易强度与私人信息精度成正比，与风险厌恶系数成反比；均衡价格反映交易者所有信息。市场深度随噪声交易方差的增大而增大，价格中的信息含量随噪声交易方差的增大而减小，随知情交易者对私人信息反应强度的增加而增加。

当某个交易者可以利用市场影响力时，他就可以通过控制其他交易者的行为而获利。其中操纵者一般有两种类型，分别是知情操纵者和非知情操纵者。非知情操纵者无法获得私人信息，但对资产清算价值服从的分布非常了解，他们据此向跟随者传播噪声信息。知情交易者可以收到私人信息并将自己的信息传播给跟随者。

半强有效市场中，无论市场中含哪类操纵者，知情交易者和跟随者的交易策略都不发生变化。对信息的反应强度都与私人信息成正比，与风险厌恶系数成反比；价格比私人信息低则执行买策略，价格比私人信息高则执行卖策略。

非知情操纵者的行为增加了市场中的噪声交易，使市场深度增大，价格的信息含量减小。市场影响力越大，则市场深度增加得越多，价格中的信息含量降低的也越多。知情操纵者私人信息精度低时，传播私人信息虽然释放了一部分资产清算价值的信息，但同时释放了更多的噪声信息，最终也会导致市场深度增加，价格的信息含量降低。知情操纵者信息精度高时，其操纵行为将降低市场深度，增加价格的信息含量。

非知情交易者由于没有私人信息，采取不交易策略。当非知情交易者有能力操纵市场时，他们将提交与操纵信号负相关、与价格正相关的需求计划。知情操纵者操纵市场时对私人信息的反应强度低于知情交易者的反应强度，甚至该反应强度为负数。知情操纵者在两种情况下选择操纵：（1）有众多跟随者相信操纵者传递的信息并据此进行交易；（2）知情操纵者的私人信息精度相对于其他知情交易者偏低。

另外，本章实证分析了基于交易的操纵行为对市场的影响。基于证监会公布的市场操纵数据，使用MRR模型分析操纵前后交易者面临的流动性成本和信息不对称程度指标。结论显示，操纵期间的股票市场的信息不对称程度和流动性成本均有不同程度的增加。

参考文献

[1] 邴涛，刘善存，张强，等．指令驱动市场中非知情交易者的最优交易策略［J］．管理科学学报，2017（20）：24－45.

[2] 陈辉，顾乃康．新三板做市商制度、股票流动性与证券价值［J］．金融研究，2017：176－190.

[3] 陈淼鑫，郑振龙．推出卖空机制对证券市场波动率的影响［J］．证券市场导报，2008：61－65.

[4] 迟国泰，刘轶芳，余方平．基于非线性映射分析的期货逼仓风险判定模型及其应用［J］．系统工程理论与实践，2006：1－11.

[5] 戴方贤，尹力博．中国资本市场系统性风险——基于个股的风险联动［J］．投资研究，2017（36）：75－89.

[6] 高雷．中国的机构投资者的预测能力研究［J］．南方经济，2007：65－74.

[7] 焦贺英，刘善存，成微．是否应提高高价股的最小报价单位？——基于人工股票市场的实验研究［J］．系统工程理论与实践，2011（31）：2252－2263.

[8] 李心丹，王冀宁，傅浩．中国个体证券投资者交易行为的实证研究［J］．经济研究，2002：54－63，94.

[9] 刘逖．市场微观结构与交易机制设计：高级指南［M］．上海：上海人民出版社，2011.

[10] 刘志东，杨竞一．基于非参数日内跳跃检验和高频数据的公司信息披露对股市价格波动影响研究［J］．中国管理科学，2016（24）：22－34.

[11] 鲁姣，阎春宁，候卜魁．中国期货市场逼仓风险预警模型研究［J］．价值工程，2008：163－166.

[12] 路冠平．金融市场微观结构分析［M］．中国金融出版社，2019.

[13] 苏冬蔚，彭松林．卖空者与内幕交易——来自中国证券市场的证据［J］．金融研究，2019：188－206.

［14］谭松涛，王亚平．股民过度交易了么？——基于中国某证券营业厅数据的研究［J］．经济研究，2006：83－95.

［15］王力纬．知识的诅咒：难以觉察的信息偏差［J］．期货日报，2019：004.

［16］熊熊，张宇，张维，等．股指期货操纵预警的 Logistic 模型实证研究［J］．系统工程理论与实践，2011（31）：1287－1292.

［17］徐龙．跨市场相关资产价格关系研究［M］．大连：东北财经大学，2011.

［18］许红伟，陈欣．我国推出融资融券交易促进了标的股票的定价效率吗？——基于双重差分模型的实证研究［J］．管理世界，2012：52－61.

［19］姚宁．中国股票市场分割的实证研究［M］．天津：天津大学，2006.

［20］伊志宏，朱琳，陈钦源．分析师研究报告负面信息披露与股价暴跌风险［J］．南开管理评论，2019（22）：192－206.

［21］于斐斐．跨商品市场相关资产价格联动性的实证分析——以螺纹钢为例［J］．中国商论，2012（6）：250－251.

［22］袁知柱，鞠晓峰．中国上市公司会计信息质量与股价信息含量关系实证检验［J］．中国管理科学，2008（16）：231－234.

［23］曾凌，苗文龙．锦标制度、基金经理短视投资与股票市场波动［J］．金融监管研究，2017：70－88.

［24］张强，刘善存，邱菀华．MRR 模型一类正态总体的极大似然估计法及检验［J］．系统工程理论与实践，2014（34）：48－54.

［25］张圣平，熊德华，张峥，等．现代经典金融学的困境与行为金融学的崛起［J］．金融研究，2003：44－56.

［26］章晟，余攀．跨市场相关资产价格互动的实证研究——以金属铜为例［J］．财贸经济，2008：16－20.

［27］郑振龙，陈蓉．金融工程第四版［M］．北京：高等教育出版社，2016.

［28］Admati A R. A noisy rational expectations equilibrium for multi-asset securities markets［J］. Econometrica：Journal of the Econometric Society，1985：629－657.

［29］Aggarwal R K，Wu G. Stock market manipulations［J］. The Journal of Business，2006（79）：1915－1953.

[30] Ahn H J, Bae K H, Chan K. Limit orders, depth, and volatility: Evidencefrom the stock exchange of Hong Kong [J]. The Journal of Finance, 2001 (56): 767 – 788.

[31] Aktas N, De Bodt E, Declerck F, et al. The PIN anomaly around M&A announcements [J]. Journal of Financial Markets, 2007 (10): 169 – 191.

[32] Alfonsi A, Schied A, Slynko A. Order book resilience, price manipulation, and the positive portfolio problem [J]. SIAM Journal on Financial Mathematics, 2012 (3): 511 – 533.

[33] Allen F, Gale D. Stock-price manipulation [J]. The Review of Financial Studies, 1992 (5): 503 – 529.

[34] Allen F, Morris S, Shin H S. Beauty Contests and Iterated Expectations in Asset Markets [J]. The Review of Financial Studies, 2006 (19): 719 – 752.

[35] Amador M, Weill P O. Learning from Prices: Public Communication and Welfare [J]. Journal of Political Economy, 2010 (118): 866 – 907.

[36] Amato J D, Morris S, Shin H S. Communication and Monetary Policy [J]. Oxford Review of Economic Policy, 2002 (18): 495 – 503.

[37] Amihud Y, Mendelson H. The effects of beta, bid-ask spread, residual risk, and size on stock returns [J]. The Journal of Finance, 1989 (44): 479 – 486.

[38] Augustin P, Brenner M, Subrahmanyam M G. Informed options trading prior to M&A announcements: Insider trading? [J]. Available at SSRN 2441606, 2015.

[39] Azad A S, Azmat S, Fang V, et al. Unchecked manipulations, price-volume relationship and market efficiency: Evidence from emerging markets [J]. Research in International Business and Finance, 2014 (30): 51 – 71.

[40] Bagehot W. The only game in town [J]. Financial Analysts Journal, 1971 (27): 12 – 14.

[41] Bagnoli M, Lipman B L. Stock price manipulation through takeover bids [J]. The RAND Journal of Economics, 1996 (27): 124.

[42] Banerjee A V. A Simple Model of Herd Behavior [J]. The Quarterly Journal of Economics, 1992 (107): 797 – 817.

[43] Banerjee S, Davis J, Gondhi N. When transparency improves, must

prices reflect fundamentals better? [J]. The Review of Financial Studies, 2018 (31): 2377 -2414.

[44] Barlevy G, Veronesi P. Rational panics and stock market crashes [J]. Journal of Economic Theory, 2003 (110): 234 -263.

[45] Barnes P. Stock market efficiency, insider dealing and market abuse [M]. Gower. 2016.

[46] Beber A, Pagano M. Short-selling bans around the world: Evidence from the 2007 -09 crisis [J]. The Journal of Finance, 2013 (68): 343 -381.

[47] Bernhardt D, Taub B. Cross-asset speculation in stock markets [J]. The Journal of Finance, 2008 (63): 2385 -2427.

[48] Bikhchandani S, Hirshleifer D, Welch I. A theory of fads, fashion, custom, and cultural change as informational cascades [J]. Journal of Political Economy, 1992 (100): 992 -1026.

[49] Blackwell D. Comparison of experiments, proceedings of the second berkeley symposium on mathematical statistics and probability [M]. Berkeley: University of California Press, 1951.

[50] Brown D P, Jennings R H. On Technical Analysis [J]. Review of Financial Studies, 1989 (2): 527 -551.

[51] Cespa G, Foucault T. Illiquidity Contagion and Liquidity Crashes [J]. Review of Financial Studies, 2014 (27): 1615 -1660.

[52] Cespa G, Vives X. Dynamic trading and asset prices: Keynes vs. Hayek [J]. The Review of Economic Studies, 2012 (79): 539 -580.

[53] Cespa G, Vives X. The beauty contest and short-term trading [J]. The Journal of Finance, 2015 (70): 2099 -2154.

[54] Cespa G. Information Sales and Insider Trading with Long-Lived Information [J]. The Journal of Finance, 2008 (63): 639 -672.

[55] Cespa G. Short-term investment and equilibrium multiplicity [J]. European Economic Review, 2002 (46): 1645 -1670.

[56] Chakraborty A, Yılmaz B. Informed manipulation [J]. Journal of Economic Theory, 2004 (114): 132 -152.

[57] Chamley C. Dynamic Speculative Attacks [J]. American Economic Review,2003 (93): 603 -621.

[58] Charles C, Hansch O, Wang X. The information content of an open limit - order book [J]. Journal of Futures Markets: Futures, Options, and Other Derivative Products, 2009 (29): 16 - 41.

[59] Chen J, Hong H, Stein J C. Breadth of ownership and stock returns [J]. Journal of Financial Economics, 2002 (66): 171 - 205.

[60] Chen Q, Goldstein I, Jiang W. Payoff complementarities and financial fragility: Evidence from mutual fund outflows [J]. Journal of Financial Economics, 2010 (97): 239 - 262.

[61] Chen Q, Huang Z, Zhang Y. The effects of public information with asymmetrically informed short-horizon investors [J]. Journal of Accounting Research, 2014 (52): 635 - 669.

[62] Cheynel E, Levine C B. Analysts' sale and distribution of non fundamental information [J]. Review of Accounting Studies, 2012 (17): 352 - 388.

[63] Chiarella C, He X-Z, Wei L. Learning, information processing and order submission in limit order markets [J]. Journal of Economic Dynamics and Control, 2015 (61): 245 - 268.

[64] Colla P, Mele A. Information linkages and correlated trading [J]. The Review of Financial Studies, 2009 (23): 203 - 246.

[65] Colombo L, Femminis G. Optimal policy intervention, constrained obfuscation and the social value of public information [J]. Economics Letters, 2014 (123): 224 - 226.

[66] Comerton-Forde C, Putniņš T J. Measuring closing price manipulation [J]. Journal of Financial Intermediation, 2011 (20): 135 - 158.

[67] Cornand C, Heinemann F. Optimal Degree of Public Information Dissemination [J]. Economic Journal, 2008 (118): 718 - 742.

[68] Diamond D W, Verrecchia R E. Information aggregation in a noisy rational expectations economy [J]. Journal of Financial Economics, 1981 (9): 221 - 235.

[69] Dow J, Gorton G. Arbitrage chains [J]. The Journal of Finance, 1994 (49): 819 - 849.

[70] Dow J. Is liquidity self-fulfilling? [J]. The Journal of Business, 2004 (77): 895 - 908.

[71] Easley D, Kiefer N M, O'hara M, et al. Liquidity, information, and infrequently traded stocks [J]. The Journal of Finance, 1996 (51): 1405 - 1436.

[72] Engelberg J E, Parsons C A. The causal impact of media in financial markets [J]. The Journal of Finance, 2011 (66): 67 - 97.

[73] Fishman M J, Hagerty K M. The incentive to sell financial market information [J]. Journal of Financial Intermediation, 1995 (4): 95 - 115.

[74] Foster F D, Viswanathan S. Strategic trading when agents forecast the forecasts of others [J]. The Journal of Finance, 1996 (51): 1437 - 1478.

[75] Foucault T, Moinas S, Theissen E. Does anonymity matter in electronic limit order markets? [J]. The Review of Financial Studies, 2007 (20): 1707 - 1747.

[76] Foucault T. Order flow composition and trading costs in a dynamic limit order market [J]. Journal of Financial Markets, 1999 (2): 99 - 134.

[77] Froot K A, Scharfstein D S, Stein J C. Herd on the street: Informational inefficiencies in a market with short-term speculation [J]. The Journal of Finance,1992 (47): 1461 - 1484.

[78] Gao P, Liang P J. Informational feedback, adverse selection, and optimal disclosure policy [J]. Journal of Accounting Research, 2013 (51): 1133 - 1158.

[79] Garcia D, Sangiorgi F. Information Sales and Strategic Trading [J]. Review of Financial Studies, 2011 (24): 3069 - 3104.

[80] Gennotte G, Leland H. Market liquidity, hedging, and crashes [J]. The American Economic Review, 1990: 999 - 1021.

[81] Glen J D. An introduction to the microstructure of emerging markets [M]. The World Bank, 1994.

[82] Glosten L R, Harris L E. Estimating the components of the bid/ask spread [J]. Journal of Financial Economics, 1988 (21): 123 - 142.

[83] Glosten L R, Milgrom P R. Bid, ask and transaction prices in a specialist market with heterogeneously informed traders [J]. Journal of Financial Economics, 1985 (14): 71 - 100.

[84] Glosten L R. Is the electronic open limit order book inevitable? [J]. The Journal of Finance, 1994 (49): 1127 - 1161.

[85] Goldstein I, Li Y, Yang L. Speculation and hedging in segmented

markets [J]. The Review of Financial Studies, 2014 (27): 881 –922.

[86] Goldstein I, Yang L. Information diversity and complementarities in trading and information acquisition [J]. The Journal of Finance, 2015 (70): 1723 –1765.

[87] Grossman S J, Miller M H. Liquidity and market structure [J]. The Journal of Finance, 1988 (43): 617 –633.

[88] Grossman S J, Stiglitz J E. On the impossibility of informationally efficient markets [J]. The American Economic Review, 1980 (70): 393 –408.

[89] Guo M, Kyle A S. Dynamic strategic informed trading with risk-averse market makers [M]. 2005.

[90] Han B, Tang Y, Yang L. Public information and uninformed trading: Implications for market liquidity and price efficiency [J]. Journal of Economic Theory, 2016 (163): 604 –643.

[91] Han B, Yang L. Social networks, information acquisition, and asset prices [J]. Management Science, 2013 (59): 1444 –1457.

[92] Handa P, Schwartz R A. Limit order trading [J]. The Journal of Finance,1996 (51): 1835 –1861.

[93] Handa P, Schwartz R, Tiwari A. Quote setting and price formation in an order driven market [J]. Journal of Financial Markets, 2003 (6): 461 –489.

[94] Hao Q. Is there information leakage prior to share repurchase announcements? Evidence from daily options trading [J]. Journal of Financial Markets, 2016 (27): 79 –101.

[95] Harris L E, Panchapagesan V. The information content of the limit orderbook: evidence from NYSE specialist trading decisions [J]. Journal of Financial Markets, 2005 (8): 25 –67.

[96] Harris L. Optimal dynamic order submission strategies in some stylized trading problems [J]. Financial Markets, Institutions & Instruments, 1998 (7): 1 –76.

[97] Hasbrouck J. High-Frequency Quoting: Short-Term Volatility in Bids and Offers [J]. Journal of Financial and Quantitative Analysis, 2018 (53): 613 –641.

[98] Hasbrouck J. The summary informativeness of stock trades: An econometric analysis [J]. The Review of Financial Studies, 1991 (4): 571 –595.

[99] Hayek F A. The use of knowledge in society [J]. American Economic Review, 1945 (35): 519 –530.

[100] Hellström J, Simonsen O. Does the open limit order book reveal information about short-run stock price movements? [J]. Umeå economic studies, 2006.

[101] Hellwig M F. On the aggregation of information in competitive markets [J]. Journal of Economic Theory, 1980 (22): 477 –498.

[102] Hellwig. Heterogeneous information and the welfare effects of public information disclosures [M] . UCLA Economics Online, 2005.

[103] Holden C W, Subrahmanyam A. Long-lived private information and imperfect competition [J]. The Journal of Finance, 1992 (47): 247 –270.

[104] Holmstrom B, Costa J R I. Managerial Incentives and Capital Management [J]. Quarterly Journal of Economics, 1986 (101): 835 –860.

[105] Huberman G, Stanzl W. Price manipulation and quasi-arbitrage [J]. Econometrica, 2004 (72): 1247 –1275.

[106] Huddart S, Hughes J S, Levine C B. Public Disclosure and Dissimulation of Insider Trades [J]. Econometrica, 2001 (69): 665 –681.

[107] Indjejikian R, Lu H, Yang L. Rational information leakage [J]. Management Science, 2014 (60): 2762 –2775.

[108] Irvine P, Lipson M, Puckett A. Tipping [J]. The Review of Financial Studies, 2006 (20): 741 –768.

[109] James J G, Lawler P. Optimal Policy Intervention and the Social Value of Public Information [J]. American Economic Review, 2011 (101): 1561 –1574.

[110] Kavajecz K A. A specialist's quoted depth and the limit order book [J]. The Journal of Finance, 1999 (54): 747 –771.

[111] Keynes J M. The general theory of employment, interest and money [M]. New York. Cambridge University Press. 1936.

[112] Khwaja A I, Mian A. Unchecked intermediaries: Price manipulation in an emerging stock market [J]. Journal of Financial Economics, 2005 (78): 203 –241.

[113] Kirilenko A, Kyle A S, Samadi M, et al. The Flash Crash: High-Frequency Trading in an Electronic Market [J]. Journal of Finance, 2017 (72):

967 –998.

[114] Kovalenkov A, Vives X. Competitive rational expectations equilibria without apology [J]. Journal of Economic Theory, 2014 (149): 211 –235.

[115] Kumar P, Seppi D J. Futures manipulation with "cash settlement" [J]. The Journal of Finance, 1992 (47): 1485 –1502.

[116] Kyle A S. Continuous auctions and insider trading [J]. Econometrica, 1985 (53): 1315 –1335.

[117] Kyle A S. Informed speculation with imperfect competition [J]. The Review of Economic Studies, 1989 (56): 317 –355.

[118] Lambert R A, Leuz C, Verrecchia R E. Information Asymmetry, InformationPrecision, and the Cost of Capital [J]. Review of Finance, 2012 (16): 1 –29.

[119] Lee C M, Shleifer A, Thaler R H. Investor sentiment and the closed-end fund puzzle [J]. The Journal of Finance, 1991 (46): 75 –109.

[120] Lee I H. On the Convergence of Informational Cascades [J]. Journal of Economic Theory, 1993 (61): 395 –411.

[121] Liu X, Huang W, Liu B, et al. Strategic leakage of private information [J]. The North American Journal of Economics and Finance, 2019 (47): 637 –644.

[122] Madhavan A, Richardson M, Roomans M. Why do security prices change? A transaction-level analysis of NYSE stocks [J]. The Review of Financial Studies, 1997 (10): 1035 –1064.

[123] Madhavan A. Security prices and market transparency [J]. Journal of Financial Intermediation, 1996 (5): 255 –283.

[124] Massimb M N, Phelps B D. Electronic trading, market structure and liquidity [J]. Financial Analysts Journal, 1994 (50): 39 –50.

[125] Maug E. Large shareholders as monitors: Is there a trade-off between liquidity and control? [J]. The Journal of Finance, 1998 (53): 65 –98.

[126] Medrano L, Vives X. Information, hedging and welfare [M]. Mimeo. IESE Business school, 2009.

[127] Milgrom P, Stokey N. Information, trade and common knowledge [J]. Journal of Economic Theory, 1982 (26): 17 –27.

[128] Morck R, Yeung B, Yu W. The information content of stock markets: why do emerging markets have synchronous stock price movements? [J]. Journal of Financial Economics, 2000 (58): 215 - 260.

[129] Morris S, Shin H S. Social value of public information [J]. The American Economic Review, 2002 (92): 1521 - 1534.

[130] Næs R, Skjeltorp J A. Order book characteristics and the volume-volatility relation: Empirical evidence from a limit order market [J]. Journal of Financial Markets, 2006 (9): 408 - 432.

[131] Odean T. Do investors trade too much? [J]. American Economic Review,1999 (89): 1279 - 1298.

[132] Omer T C, Roulstone D T, Sharp N Y, et al. The People in Your Neighborhood: Evidence of Local Information Leakage Around Corporate Headquarters When Insiders Trade [J]. Mays Business School Research Paper, 2012.

[133] Ozsoylev H N, Walden J, Yavuz M D, et al. Investor networks in the stock market [J]. The Review of Financial Studies, 2013 (27): 1323 - 1366.

[134] Ozsoylev H N, Walden J. Asset pricing in large information networks [J]. Journal of Economic Theory, 2011 (146): 2252 - 2280.

[135] Pancs R. The negative value of public information in the Glosten-Milgrom model [J]. Economics Letters, 2014 (124): 207 - 210.

[136] Parlour C A. Price dynamics in limit order markets [J]. The Review of Financial Studies, 1998 (11): 789 - 816.

[137] Pascual R, Veredas D. Does the open limit order book matter in explaininglong run volatility? [M]. CORE, 2006.

[138] Pindyck R S, Rotemberg J J. The comovement of stock prices [J]. The Quarterly Journal of Economics, 1993 (108): 1073 - 1104.

[139] Radner R. Equilibrium under uncertainty [J]. Handbook of mathematical economics, 1982 (2): 923 - 1006.

[140] Rahi R, Zigrand J P. Information acquisition, price informativeness, and welfare [J]. Journal of Economic Theory, 2018 (177): 558 - 593.

[141] Rock K. The specialist's order book and price anomalies [J]. Review of Financial Studies, 1996 (9): 1 - 20.

[142] Romer D. Rational asset-price movements without news [J]. Ameri-

can Economic Review, 1993 (83): 1112 - 1130.

[143] Rosu I. Liquidity and information in order driven markets [J]. Chicago Booth School of Business, 2010.

[144] Seppi D J. Liquidity provision with limit orders and a strategic specialist [J]. The Review of Financial Studies, 1997 (10): 103 - 150.

[145] Shleifer A, Vishny R W. Equilibrium Short Horizons of Investors and Firms [J]. American Economic Review, 1990 (80): 148 - 153.

[146] Smith L, Sørensen P. Pathological Outcomes of Observational Learning [J]. Econometrica, 2000 (68): 371 - 398.

[147] So R W, Tse Y. Price discovery in the Hang Seng index markets: index,futures, and the tracker fund [J]. Journal of Futures Markets: Futures, Options, and Other Derivative Products, 2004 (24): 887 - 907.

[148] Spiegel M. Stock price volatility in a multiple security overlapping generations model [J]. The Review of Financial Studies, 1998 (11): 419 - 447.

[149] Svensson L E O. Social Value of Public Information: Comment: Morris and Shin (2002) Is Actually Pro-Transparency, Not Con [J]. American Economic Review, 2006 (96): 448 - 452.

[150] Van Bommel J. Rumors [J]. The Journal of Finance, 2003 (58): 1499 - 1520.

[151] Vila J-L. Simple games of market manipulation [J]. Economics Letters, 1989 (29): 21 - 26.

[152] Vives X. Information and learning in markets: The impact of market microstructure [M]. Princeton University Press, 2008.

[153] Vives X. Short-term investment and the informational efficiency of the market [J]. The Review of Financial Studies, 1995 (8): 125 - 160.

[154] Yang L, Zhu H. Back-Running: Seeking and Hiding Fundamental Informationin Order Flows [J]. Review of Financial Studies, 2019. Forthcoming.

[155] Zeng Q, Liu S, Chen B. Strategic trading when information arrival displays time difference [C] . Proceedings of the 2015 27th Chinese Control and Decision Conference, Institute of Electrical and Electronics Engineers Inc. 2015. 5303 - 5308.

[156] Zhang J. Learning, short-horizons, and asset pricing [J]. Yale Working Paper, 2012.